国家安全知识简明读本

GUOJIA ANQUANZHISHI
JIANMING DUBEN

国家安全知识简明读本

新疆、西藏民族分裂问题

胡仕胜、翟源静等　著

国际文化出版公司
·北京·

图书在版编目（CIP）数据

新疆、西藏民族分裂问题/胡仕胜，翟源静等著．－北京：国际文化出版公司，2014.1（2024.5重印）
（国家安全知识简明读本）
ISBN 978-7-5125-0648-0

Ⅰ.①新… Ⅱ.①胡… ②翟… Ⅲ.①民族分离主义-研究-新疆 ②民族分离主义-研究-西藏 Ⅳ.①D633

中国版本图书馆CIP数据核字（2014）第009832号

国家安全知识简明读本·新疆、西藏民族分裂问题

作　　者	胡仕胜　翟源静等
责任编辑	赵　辉
特约策划	马燕冰
统筹监制	葛宏峰　刘　毅　刘露芳
策划编辑	徐　峰
美术编辑	秦　宇
出版发行	国际文化出版公司
经　　销	国文润华文化传媒（北京）有限责任公司
印　　刷	三河市同力彩印有限公司
开　　本	700毫米×1000毫米　　16开 11.5印张　　　　　　　150千字
版　　次	2014年9月第1版 2024年5月第2次印刷
书　　号	ISBN 978-7-5125-0648-0
定　　价	42.80元

国际文化出版公司
北京市朝阳区东土城路乙9号　　邮编：100013
总编室：（010）64270995　　传真：（010）64270995
销售热线：（010）64271187
传真：（010）64271187-800
E-mail：icpc@95777.sina.net

目　录

第一章　新疆问题的由来及发展演变/李新娥、翟源静
    第一节　新疆的概况　　　　　　　　　　　　006
    第二节　新疆政治　　　　　　　　　　　　　　016
    第三节　新疆经济　　　　　　　　　　　　　　030
    第四节　新疆的历史文化　　　　　　　　　　　043
    第五节　"东突厥斯坦"的分裂行径与新疆人民的反分裂斗争
    　　　　　　　　　　　　　　　　　　　　　054
    第六节　结语　　　　　　　　　　　　　　　　071

第二章　西藏问题的由来及发展演变/胡仕胜、马燕冰
    第一节　西藏的自然情况　　　　　　　　　　　076
    第二节　历史及旧西藏概况　　　　　　　　　　089
    第三节　西藏分裂问题的由来　　　　　　　　　095
    第四节　建国初期到八十年代西藏的分裂活动　　110
    第五节　境外达赖分裂势力的活动及其发展　　　119
    第六节　"西藏问题"国际化及国际援藏势力　　141
    第七节　结语　　　　　　　　　　　　　　　　177

主要参考文献　　　　　　　　　　　　　　　　　　180

第一章 新疆问题的由来及发展演变

李新娥、翟源静

> 新疆地处我国西北边陲，占我国国土面积的六分之一。早在西汉时期就已经正式列入我国版图。1949年，新疆和平解放。1955年新疆维吾尔自治区成立。新疆地域辽阔，自然资源丰富。改革开放以来，新疆根据国家的总体部署，先后制定了六个五年计划和2020年远景目标纲要，日渐形成经济发展、社会稳定、民族团结的良好局面。
>
> 然而，破坏新疆民族团结，破坏祖国统一的各种恐怖势力不断在新疆制造形形色色的恐怖活动，不仅伤害了民族感情，破坏了民族团结，而且阻碍了新疆的发展，与祖国的发展形势和新疆人民思稳定求发展的愿望格格不入。党和国家从新疆多民族的实际出发，制定并实施了一系列符合国情的民族、宗教政策，平等、团结、互助、和谐的社会主义新型民族关系越来越巩固。

第一节 新疆的概况

一、地理位置

新疆维吾尔自治区地处我国的西北边陲，是我国面积最大的一个省区，位于亚欧大陆中心。东经73°30′~96°30′，北纬34°25′~49°30′，东西最长2000公里，南北最长1650公里，面积达166万平方公里，占我国国土面积的六分之一。公元前138年，汉武帝派张骞出使西域，西汉政权与西域各邦建立了联系。公元前60年，西汉政权在乌垒（今轮台县境内）设立西域都护府，自此西域正式列入汉朝版图。清乾隆后期改称西域为新疆，1884年正式建立新疆省，省会迪化（今乌鲁木齐市）。1949年，新疆和平解放，1955年10月1日，新疆维吾尔自治区成立，首府设在乌鲁木齐（蒙古语意为优美的牧场）市。

新疆的地貌特点是"三山夹两盆"，三大山系包围着两个盆地，山脉与盆地相间排列，盆地高山环抱。昆仑山、喀喇昆仑山和阿尔金山位于新疆的南缘，阿尔泰山屹立于北部，天山山脉横亘于新疆中部，把新疆分成南北两个部分。南部昆仑山、喀喇昆仑山、阿尔金山与天山山脉围成塔里木盆地。塔里木盆地东西长约1400公里，南北最宽处550公里，面积为53万平方公里，四周高山海拔4000~6000米，盆地中部海拔800~1300米。地势西高东低、南高北低，呈锅盖形。东部罗布泊是盆地的最低处，海拔780米。塔里木盆地属全封闭性内陆盆地，也是中国最大的内陆盆地。北部阿尔泰山脉与天山山脉围成准噶尔盆地。准噶尔盆地是中国第二大盆地，东西长约1120公里，南北宽约500公里，面积38万平方公里，呈三角形，盆底海拔不到500米，最低处在西南部的艾比湖，湖面海拔189米。塔里木盆地中央是塔克拉玛干大沙漠，面积33.76万平方公里，是中国最大、世界第二大流动性沙漠。准噶尔盆地中央是古尔班通古特沙漠,是中国第二大沙漠,面积4.88万平方公里。两大盆地面积之和为91万多平方公里,占新疆总面积的一半以上。天山山脉西起帕米尔高原,东入甘肃西北部,总长2500公里,山体宽约300公里,是亚洲最大山系之一。一般学者把天山山脉分为东、中、西三段,西段在哈萨克斯坦和吉尔吉斯斯坦境内,中段在新疆,东段在新疆和甘肃境内。天山山脉在新疆境内的中、东段总长为1700公里,由三列平行的褶皱山组成,山势西高东低,山体宽广,山脊线海拔4000公里以上,最高的托木尔峰海拔7435.3米,在温宿县境内。东段的博格达山在阜康市境内,主峰海拔5445米。

北部的阿尔泰山延伸于中国与蒙古、俄罗斯边界,总长近2000公里,东段在蒙古境内。新疆境内的山段呈西北—东南走向,长约500公里,山势较低,山脊海拔约3000米,最高的友谊峰海拔4374米。南部的昆仑山系是帕米尔高原、喀喇昆仑山、昆仑山、阿尔金山的总称,山脊线海拔在5000米以上,主峰乔戈里峰海拔8611米,位于中巴边界,为世界第二高峰。昆仑山系长达2900公里,有7000米以上的高峰10多座,为新疆的群山之首。新疆各大山系内部平行山脉间,有一系列山间盆地和谷地。天山的尤勒都斯、焉耆、拜城等盆地,昆仑山的布伦口、喀拉米兰等盆地,伊犁盆地属外泄性山间盆地;而东天山的吐鲁番、哈密、巴里坤、伊吾等盆地,昆仑山系的阿克赛钦盆地、阿牙克库木盆地等属封闭性山间盆地。

二、地理环境和自然资源

据考古证明,在距今10亿年前,新疆大地上还是碧波万顷,一片汪洋。到了3亿多年前的泥盆纪,由于地壳升降的影响,新疆逐渐成陆,植物慢慢繁衍,鱼类一步步演化,这就是所谓"海西运动"的初期景象。经过"海西"地质变化,新疆大地岩浆喷发,高山耸起,目前的地理格局初步形成。到距今7000万年前,地球上又发生了一次激烈的地质运动,这就是目前仍未终止的"喜马拉雅造山"运动,它给新疆大地留下了同样巨大的影响。经过这一变动,昆仑山系、天山山脉更加高耸,今天新疆的全貌就基本形成了。

由于新疆深居亚欧大陆中心,远离海洋,就远离了水汽的来源,乌鲁木齐距四周最近的海洋也有2000公里以上。由于新疆四周高山耸立,就使新疆成了一处特别干燥的地区,年平均降水量不过150毫米。而塔里木盆地,年降水量只有50毫米,部分地区不过10毫米左右,是全国降水量最少的地区。新疆的水源分布十分不均匀。由于喜马拉雅山、青藏高原的隔阻,昆仑山系海拔5000米以上才有冰川积雪。因此,这里水资源缺少,山系中草场资源比较贫乏,成为亚欧大陆山地中最为干旱的高山沙漠区域。天山山脉由于截留了主要来自大西洋的湿润气流,成为新疆干旱区的"湿岛",海拔3500米以上部分,终年为冰雪覆盖,包含有近7000条大小冰川,成了新疆大地上最宝贵的"固体水库"。西来的水汽正对着阿尔泰山脉山体的南坡,因此,这里夏日雨量充沛,冬日积雪丰富,气候湿润,林木丛生,牧草优良,是十分理想的牧业基地。

天山北麓诸绿洲和乌伦古—额尔齐斯河流域平原,是宜农宜牧的地方。盆地中部大部分荒漠也可供牲畜业生产。新疆地区的河流,大小总共400多条,均源于盆地周围的高山。山区降水多,冰川积雪丰富。高山冰雪融水是河流的主要补给来源,因而夏季河水流量大,而且年平均流量基本稳定。这就为干旱的新疆地区的农业生产提供了十分有利的条件。塔里木河是我国最长的内陆河,全长2000公里以上。它汇集了叶尔羌河、和田河、阿克苏河水系,浩浩荡荡,最后奔泻到罗布洼地,形成新疆历史上有名的罗布淖尔湖。额尔齐斯河是新疆,也是我国唯一注入北冰洋水系的外流河。它源出阿尔泰山,流向西北,成了俄罗斯境内鄂毕河最大的支流。源自塔尔巴哈台山的额敏河和源自天山的伊犁河与大部分内流河不同,分别注入了现属俄罗斯的阿拉库里湖和巴尔喀什湖。伊犁河流域的伊犁谷地雨水充沛,林深草茂,气候宜人,是宜农宜牧的地区,被人们称誉为"塞外江南"。

伊犁河上游的巩乃斯草原与开都河上游的尤尔都斯草原,紧密毗连,是水草丰美的优良牧场,也是新疆地区古代游牧民族活动的重要基地。

天山及喀喇昆仑山、昆仑山,西与帕米尔高原相接。帕米尔高原古称"葱岭"。它山体高大,层峦叠嶂,地势高寒。除少数有水的谷地可供人们生产、生活外,大部分山地不适合人类活动。举世闻名的"丝绸之路",不论自昆仑山北麓还是缘天山南麓西行,过中、西亚前去欧洲、非洲,都需翻越帕米尔高原上的一些崇山峻岭。但天然险阻的帕米尔高原并没有成为我国人民对外联系的障碍,反而成为沟通彼此联系的桥梁。

塔里木盆地地貌景观是很有规律的:近山为戈壁砾石带,这一砾石带外缘是散布在沙漠周围的片片绿洲,中间是广袤无垠的塔克拉玛干大沙漠。盆地附近降水比较充足,所以绿洲大多分布在库车、于田以西。盆地周缘的片片绿洲犹如镶嵌在黄色沙毯上的颗颗翡翠。在泉水或地表水的灌溉滋润下,绿洲成荫、田连阡陌。这里日照长、气温高、人工灌溉稳定,成了理想的农业发展基地。盆地东端为一处70公里左右宽的天然豁口,正好与甘肃河西走廊相连接,是新疆与中原地区交通联系的天然孔道。

新疆的自然资源丰富,水土光热资源开发潜力巨大。新疆农林牧可直接利用土地面积为10.28亿亩,占全国农林牧宜用土地面积的十分之一以上。全区农用地面积9.46亿亩,现有耕地6160.65万亩,人均占有耕地3亩,为全国人均数的2.1倍;另有可垦荒地7300万亩,占全国可垦荒地的13.9%;后备耕地2.23亿亩,居全国首位。新疆是全国五大牧区之一,在"三山"和"两盆"周围有大量的优良牧场,牧草地总面积7.7亿亩,仅次于内蒙古、西藏,居全国第三。新疆的水资源约占全国的3%,共有大小河流570条,地表水年径流量884亿立方米(其中伊犁河165亿立方米,塔里木河150亿立方米,额尔齐斯河117亿立方米),人均水资源占有量5500立方米,是全国人均数的2.25倍。地下水可开采量252亿立方米。冰川面积2.4万平方公里,占全国的42%。由于新疆地处亚欧大陆腹地,气候干旱,水资源受季节因素影响,时空分布极不均衡,地表水蒸发量大,致使一些地方水资源不足。太阳能理论蕴藏量1450～1720千瓦时／平方米每年，年日照总时数2550～3500小时，居全国第二位。

新疆矿产种类全，储量大，自新疆解放以来，已发现138种矿产，其中83种已探明储量，6种储量居全国第一，居全国前10位的有41种。天山、阿尔泰山在地质时代岩浆活动频繁而广泛，形成了铁、铬、镍、铜等多种内生矿床。铁、铬矿储量仅次于西藏，而且品位高，富矿多。天山、阿尔泰山和昆仑山有三条大的铁矿成矿带。铍、锂、铌、钽、铯等稀有金属的储量在全国或西北居首位，其中铍的储量占全国的99%。阿尔泰山以产块金著名。白云母的储量、产量约占全国一半以上。在岗前凹陷或山间盆地中，中生代、新生代时都有一定的沉积环境，生成石油、煤、硼砂、石膏、芒硝等多种外生矿床。钠硝石的储量也居全国首位，并有"宝玉之乡"的美称。70%的县有金矿。盐储量2.8亿吨，芒硝储量1.4亿吨。

新疆能源开发前景广阔。据全国第二次油气资源评价，新疆石油预测资源量208.6亿吨，占全国陆上石油资源量的30%；天然气预测资源量10.3万亿立方米，占全国陆上天然气资源量的34%；煤炭预测储量2.19万亿吨，占全国预测储量的40%。这为发展新疆的燃料动力工业、石油化工和冶金工业提供了丰厚坚实的物质基础。

三、行政区划

新疆是全国民族成分最多的行政单位之一，也是新中国成立后第一个实行民族区域自治的省级民族自治地方。在自治区成立后的30多年中，随着社会主义革命和建设事业的发展，特别是随着党的民族政策的贯彻执行，各级民族自治地方的建立和自治权的行使，以及这些民族自治地方建设和发展的需要，全疆的行政区划时有变动。

新疆现有14个地、州、市，其中包括5个自治州：伊犁哈萨克自治州、博尔塔拉蒙古自治州、昌吉回族自治州、巴音郭楞蒙古自治州、克孜勒苏柯尔克孜自治州;3个区辖市:乌鲁木齐、克拉玛依、石河子;8个地区:伊犁、塔城、阿勒泰、吐鲁番、哈密、阿克苏、喀什、和田。98个县级行政区划单位:11个市辖区、19个县级市、62个县、6个自治县。1021个乡级行政区划单位:1个区公所、162个街道、237个镇、578个乡、43个民族乡。这些大小不一的行政区域构成了新疆特有的城市群和居民区。

新疆生产建设兵团成立于1954年12月5日,是新疆的重要组成部分,有14个师,175个农牧团场,总人口约258万人。50多年来,兵团的发展经历了四个阶段:第一阶段,1949~1954年,为奠基时期,国营农场由原新疆军区生产部领导下的27个发展为43个。第二阶段,1954~1966年,为兵团大发展时期,各项事业得到蓬勃发展,并取得巨大的成就。到1966年,在天山南北的亘古荒原上建立起水利化、机械化的农场137个,牧场21个,特别是于1962年建立了数十个边境农场群。第三阶段,1966~1975年,为兵团事业遭到严重破坏时期。十年动乱中,兵团工农业减产,财务亏损,人心思散。1975年体制撤销,组织机构和所属单位、企业对口移交自治区各部门和各地、州。第四阶段,党的十一届三中全会至今,特别是1981年12月,中央发布了恢复新疆生产建设兵团的决定以来,兵团焕发了生机,这是各项事业得到恢复和发展的时期。

新疆生产建设兵团拥有土地面积约5万平方公里,占自治区总面积的3%,人口200多万。兵团领导机关设在乌鲁木齐市,下辖13个农业师(局)(以下按地名称垦区)和1个工程建筑师、171个农牧团场、126个独立核算工业企业、35个独立核算建筑安装企业、22个独立核算运输企业、86个独立核算商业企业和一大批科教文卫机构,分布于阿克苏、巴音郭楞、喀什、伊犁、博尔塔拉、昌吉、塔城、阿勒泰、哈密、和田、吐鲁番和乌鲁木齐等14个地、州、市内。新疆的86个县(市)中,有57个县(市)与农牧团场息息相关。兵团绝大部分农牧团场呈串珠状点缀在准噶尔盆地和塔里木盆地边缘的绿洲上,少数单位分布在天山、昆仑山和阿尔泰山中,主要地貌类型是山前冲积平原和湖积平原,还有山地、山前丘陵、山间盆地、河谷低地、沼泽和戈壁沙漠。新疆生产建设兵团成为新疆屯垦戍边、保家卫国的重要力量。

四、人口构成和分布

新疆是一个多族聚居地区,民族成分多且少数民族人口比重高,目前,共有55个民族居住在新疆境内。据2010年全国人口普查资料显示,全区常住人口为21813334人,全区人口中,汉族人口8746148人,占总人口的40.1%,各少数民族人口13067186人,占总人口的59.9%。与2000年第五次全国人口普查相比,汉族人口增加1256229人,增长了16.77%;各少数民族人口增加了2097594人,增长了19.12%。[1]新疆人口容量远没有中原及沿海省份大,其人口分布的特点是:(1)人口密度小而分布不均。新疆素以地广人稀而著称,其人口密度2000年为平均每平方公里12人,仅次于西藏自治区和青海省。但其人口分布的疏密程度悬殊很大,90%以上的人口集中分布在占全区面积不过3.5%的绿洲上,尤以天山南北麓的绿洲地带更为集中。绿洲人口密度高达每平方公里250人以上,这与我国东南沿海人口稠密省区的平均人口密度相当。而广大的沙漠、戈壁和高山地带则属无人居住区。(2)人口的东西分布不均匀。若从木垒县到皮山县连一条直线,可把新疆划分为东南部和西北部两大块,这两大部分的面积相差不大,东南部占全疆总面积的52%,西北部占全疆总面积的48%,可西北部人口竟占全疆人口的82.6%,东南部人口竟占全疆人口的17.4%。

新疆是一个多民族聚居的地区,主要居住有维吾尔、汉、哈萨克、回、蒙古、柯尔克孜、锡伯、塔吉克、乌孜别克、满、达斡尔、塔塔尔、俄罗

---

[1] 新疆维吾尔自治区统计局,新疆维吾尔自治区2010年第六次全国人口普查主要数据公报.[EB/OL](2011-05-09)[2012/11/23](http://www.tjcn.org/plus/view.php?aid=19712)。

斯等民族，是中国五个少数民族自治区之一。其中世居民族有维吾尔、汉、哈萨克、回、柯尔克孜、蒙古、塔吉克、锡伯、满、乌孜别克、俄罗斯、塔塔尔等13个。除世居民族外，还有东乡、撒拉、藏、土、壮、苗、彝、布依、朝鲜等民族。各民族文化多元，语言文字各异，大杂居，小聚居，共同创造着新疆的灿烂文明。新疆的各民族在当地的分布是不均匀的，且人口密度在各地的差异也很大，伊犁州的直属县是全疆人口密度最高的地区，为44.60人/平方公里，其次是喀什地区，为25.1人/平方公里，人口密度最低的是巴州，为2.4人/平方公里。

维吾尔族，在全疆的人口比例最高，占少数民族人口的75.88%，占新疆总人口的45.62%，主要居住在南疆、北疆的伊犁地区，也散居在北疆的昌吉州、塔城地区和东疆的一些地方。语言属阿尔泰语系突厥语族西匈语支，使用阿拉伯字母为基础的维吾尔文。历史上维吾尔族曾有"袁纥""韦纥""回纥""回鹘""畏吾尔"等称呼。大约840年，回纥西迁西域，逐步整合了于阗、疏勒、龟兹等三国的土著居民以及之后迁入的其他民族，至13世纪初，形成了近代的"畏吾尔"，在此基础上逐步形成了维吾尔民族。维吾尔族古代曾信仰过萨满教、摩尼教、景教、祆教（拜火教）和佛教，从10世纪初起信仰伊斯兰教。维吾尔族的节日有古尔邦节、肉孜节、诺鲁孜节等。

哈萨克族，作为新疆第二大少数民族，占新疆维吾尔自治区总人口的7.08%，人口分布的集中化程度较高，主要分布在北疆。北疆地区的哈萨克族人口占全疆哈萨克族总人口的94.27%，南疆仅占5.73%。其中以伊犁地区最为集中，占全疆哈萨克族总人口的36.76%，占本地总人口的22.88%。此外，阿尔泰地区和塔城地区的哈萨克族人口占全疆哈萨克族总人口的比例也都在17%以上，占本地总人口的比例分别是49.31%和24.63%。此外，昌吉州、乌鲁木齐市、哈密和博州也都有零散分布。哈萨克族语言属阿尔泰语系突厥语族西匈语支，使用阿拉伯字母为基础的哈萨克文，历史上可以追溯到西汉时期的乌孙。哈萨克族有独特的文化艺传统,被称为说唱诗人的"阿肯",是草原文化的传播者。哈萨克人信仰伊斯兰教,主要的节日是古尔邦节、肉孜节和诺鲁孜节。

回族,人口占新疆总人口的4.5%左右,全疆各地均有分布,但以北疆为主,占全疆回族总人口的83.27%,南疆占16.73%。从地区来看,昌吉回族自治州最多,占全疆回族总人口的21.45%,伊犁地区第二,占20.86%,乌鲁木齐第三,占18.71%。回族的通用语言是汉语。18世纪中叶以后,内地大量回民迁入新疆,形成现在新疆回族的主体。回族的主要节日是古尔邦节和肉孜节。

柯尔克孜族,占新疆总人口的0.8%左右,主要居住在克孜勒苏柯尔克孜自治州,占柯尔克孜族总人口的76.98%左右,集中居住程度高。柯尔克孜语属阿尔泰语系突厥语族东匈语支,使用以阿拉伯字母为基础的柯尔克孜拼音文字。柯尔克孜是本民族的自称,历史上曾有"鬲昆""坚昆""纥骨""黠戛斯""乞儿吉斯""吉利吉思"和"布鲁特"之称。早在公元前3世纪柯尔克孜族先民游牧于叶尼塞河流域,之后迁入新疆并融合其他部落成分。柯尔克孜族信仰伊斯兰教,居住在塔城地区额敏县的一部分人信仰藏传佛教和萨满教。主要节日有古尔邦节、肉孜节和诺鲁孜节。

蒙古族,占新疆总人口的0.85%左右,主要居住在巴音郭楞蒙古自治州、博尔塔拉蒙古自治州和布克赛尔蒙古自治县。语言属阿尔泰语系蒙古语族。蒙古人最初信仰萨满教,16世纪后逐渐改信藏传佛教格鲁派。蒙古族的主要节日是春节和敖包节。

塔吉克族,语言属印欧语系伊朗语族帕米尔语支,无文字。主要节日有古尔邦节、肖贡巴哈尔节、引水节、播种节、灯节等。"塔吉克"意为"王冠"。有人说,他们是王冠上的民族,他们自称是"鹰的传人"。

锡伯族,人口约为4.24万,占自治区总人口的0.20%。主要居住在伊犁的察布查尔锡伯自治县,部分散居在霍城、巩留县和乌鲁木齐等地。锡伯语属阿尔泰语系满—通古斯语族满语支,锡伯文是在满文的基础上发展形成的。锡伯族是清代新疆屯田戍边的锡伯族后代。锡伯族先后信仰萨满教和喇嘛教。

满族，人口约为2.56万，占自治区总人口的0.12%，主要居住在乌鲁木齐、伊犁、昌吉、哈密等地。满族语属阿尔泰语系满—通古斯语族满语支。新疆满族是在1644年清朝建立之后逐步进入新疆的。现已通用汉文。满族人过春节、中秋节和颁金节。新疆满族过去信仰萨满教。

俄罗斯族，人口约为1.16万，占自治区总人口的0.06%。俄罗斯族是新疆唯一的白色人种，主要分布在伊犁、塔城、阿勒泰和乌鲁木齐等地。新疆的俄罗斯族讲俄罗斯语，使用俄文，其语言为印欧语系斯拉夫语族东斯拉夫语支。俄罗斯人的主要节日有圣诞节和巴斯喀节（复活节）。俄罗斯族信仰东正教。

乌孜别克族，人口约1.61万，占自治区总人口的0.08%。主要居住在喀什、伊宁、塔城、乌鲁木齐、莎车、叶城等地。乌孜别克语属阿尔泰语系突厥语族西匈语支，通用维吾尔文、哈萨克文。曾信仰祆教、佛教。14世纪乌孜别克汗时代，开始信仰伊斯兰教。乌孜别克族的节日有古尔邦节、肉孜节等。

达斡尔族，人口约为0.67万，占自治区总人口的0.03%。新疆的达斡尔族主要居住在塔城市的阿西尔达斡尔乡。达斡尔语属阿尔泰语系蒙古语族，有布特哈、齐齐哈尔和新疆三种方言；无文字，清代使用满文，现通用汉文。主要节日有春节、元宵节、清明、端午和中秋节。曾信仰萨满教，部分人信仰喇嘛教。

塔塔尔族，人口约为0.47万，占自治区总人口的0.02%。主要居住在北疆。塔塔尔语属阿尔泰语系突厥语族西匈语支。塔塔尔族由于人口少且长期与周围的维吾尔、哈萨克族杂居相处，现已通用维吾尔语和哈萨克语，文字也通用维吾尔文和哈萨克文。塔塔尔人的主要节日有撒班节（犁头节）。信仰伊斯兰教。

第二节 新疆政治

1949年,当东方的世纪伟人毛泽东向世界宣告"中华人民共和国成立了"的庄严时刻,长期遭受反动统治奴役、压迫的新疆各族人民,也获得了自由与解放——历史翻开了新的一页。从此,新疆与全国各族人民一道,踏着共和国前进的步伐,和着共和国奋进的鼓点,经历了半个世纪风云岁月,走过了64载风雨征程。解放初期,新疆少数民族人口400多万,其中维吾尔族人口329万。1949年9月21日召开的中国人民政协会议上通过的《中国人民政治协商会议共同纲领》(以下称《共同纲领》)中明确规定:"各少数民族聚居的地区,应实行民族区域自治,按照民族聚居的人口多少和区域大小,分别建立各种民族自治机关。"对于新疆,也决定以民族区域自治方式解决其民族问题。同时,在中共中央新疆分局的部署下,在全疆开展了党的民族政策的学习和宣传活动。

一、新疆实行民族区域自治方案的确立

民族区域自治是指在国家的统一领导下,各少数民族聚居地方实行区域自治,设立自治机关,行使自治权。

(一)确立方案

1949年9月19日,周恩来总理接见赛福鼎·艾则孜并告诉他,新疆已经脱离国民党政府,同时,还就组建新疆省政府的问题征求赛福鼎·艾则孜的意见。赛福鼎·艾则孜根据新疆民主革命党内部讨论的情况向中央建议,省政府要体现"自治"的实质。周恩来总理回答说:"自治是一定要搞的,具体怎么搞,采取什么样的政治形式,放在以后解决,但有一个问题是清楚的,中华人民共和国是由中国各民族组成的统一的国家。"赛福鼎·艾则孜接着请示周恩来总理:"在新疆将要成立的政府,名称应该是什么?"周恩来总理回答说:"目前暂时就叫省政府。你们回去后先成立

政府，安排好当前的工作，名称问题以后再考虑。"

10月1日，中华人民共和国成立了。10月1日，中央人民政府办公厅组织新闻发布会，由赛福鼎·艾则孜向首都新闻界介绍新疆各族人民反对国民党反动派斗争的经历。会场气氛十分活跃，发问最集中的问题是三区革命的经过以及新疆未来的归属。赛福鼎·艾则孜回答说："三区革命是伊犁、塔城、阿尔泰三区人民武装反对国民党反动派的斗争，是中国新民主主义革命的一个部分。"说到新疆未来的归属时，赛福鼎·艾则孜说："新疆过去是中国版图的组成部分，今天仍然是中国版图的组成部分，将来也永远是中国版图的组成部分。"

10月12日，中共中央决定组建中共中央新疆分局，王震任书记，徐立清任副书记。12月17日，彭德怀召开新疆省人民政府成立大会第一次全体委员会议，宣布新疆省人民政府正式成立，同时讨论通过了《中华人民共和国新疆省人民政府委员会目前施政方针》。同一天，新疆军区也宣布成立。中共中央军事委员会任命彭德怀为新疆军区司令员，任命王震、陶峙岳和赛福鼎·艾则孜为副司令员。

（二）制定方针

1950年1月8日，中央人民政府第14次会议批准的《新疆省人民政府委员会目前施政方针》中明确指出：要坚决执行《中国人民政治协商会议共同纲领》中规定的民族政策。这个施政方针是：（1）确保本省和平，巩固社会治安；（2）实现军政团结，军民团结；（3）坚决执行全国政协《共同纲领》中规定的民族政策；（4）建立和加强各族人民民主统一战线；（5）整顿财政，整理税收；（6）实行土地改革；（7）发动与组织工人、农民、青年、妇女等人民团体，使之成为政府建设的有力支柱；（8）实行新民主主义的科学文化教育，提倡各民族的文化和艺术形式，普及国民教育，改进社会教育，发展医药卫生保健工作，根绝鸦片和赌博等社会恶习；（9）巩固发展中苏友好关系。同年3月22日，中央民族事务委员会致电新疆省，要求成立民族自治区域的政权机关。在新疆实行民族区域自治的工作被首次提到议事日程。

1951年3月4日,中共中央下发了《关于民族区域自治试行条例》(草案)。与此同时,中共中央西北局民族事务委员会下发了关于《条例》(草案)征询意见的调查提纲。中共中央新疆分局决定在伊犁地区组织座谈会,讨论新疆实行民族区域自治的有关问题。会上,一些人提出了成立"维吾尔斯坦自治共和国"等与民族区域自治相违背的错误主张。3月8日,中共中央新疆分局第一书记王震致电毛泽东主席,报告了新疆在讨论民族区域自治试行条例时各阶层的反应,并提出新疆分局在推行民族区域自治之前要进行以下几项工作:(1)积极培养实行民族区域自治所需要的干部;(2)召开分局扩大会议,并吸收省人民政府委员和各厅、处中的少数民族党员干部参加,通报情况,研究实行民族区域自治的意见;(3)做好群众工作,认真宣传和执行党的民族政策。3月28日,王震又致电西北局书记习仲勋并中共中央,建议4月份召开一次分局扩大会议,解决在民族政策上统一思想认识的问题。3月31日,中共中央和西北局分别复电新疆分局,同意分局4月初召开一次扩大会议,统一党内在民族政策问题上的认识。

1951年4月13~19日,中共中央新疆分局扩大会议在迪化(乌鲁木齐的旧称)召开,参加会议的共有225人,其中少数民族党员干部120人,与会者学习了党的民族政策,并进行了深入讨论。大家认为,随着新疆的解放,各族人民是拥护中国共产党的领导,拥护《共同纲领》,欢迎人民解放军和汉族干部帮助的。会议还通过开展批评与自我批评,对一些错误思想的根源和实质做了深刻的分析,从而统一了思想认识,同时进一步明确了中国共产党的民族区域自治政策的基本原则和主要内容,一致认为实行民族区域自治,是各族人民在新的历史条件下实现民族平等、民族团结的唯一正确的道路。这次会议从思想上保证了在新疆开展民族区域自治筹备工作的顺利进行。

1952年8月9日,毛泽东主席发布命令,公布施行《中华人民共和国民族区域自治实施纲要》,对民族区域自治的基本内容和一系列原则做了明确的规定。党中央和中共中央西北局还及时指示新疆分局,要求把推行民族区域自治的筹备工作作为一项主要工作来抓,同时确定了"慎重稳进、积极准备、稳步推进"的方针,并决定在土改工作完成后全面推进民族区域自治。

同年8月22日,举行了新疆省第一届第二次各族各界人民代表会议,通过了《关于执行中华人民共和国民族区域自治实施纲要的决议》。就在这次会议上,宣布正式成立新疆省民族区域自治筹备委员会。筹委会主任是包尔汉·沙赫德拉,副主任是高锦纯、赛福鼎·艾则孜、安尼瓦尔·加库林。各专区、县、区、乡也都成立了相应组织。

1953年6月8日,新疆分局第一书记王恩茂在中共中央新疆分局扩大会议上做了题为《关于推行民族区域自治的问题》的讲话,他进一步要求,"在推行民族区域自治时,必须明确以下两点:第一,新疆是以维吾尔族为主体的自治区,是中华人民共和国领土不可分割的一部分,同时亦是新疆自治区中不可分割的一部分。第二,中华人民共和国实行民族平等的政策,对全国各族人民是一视同仁的,并没有彼此之分、薄厚之别"。

二、新疆实行民族区域自治的前期准备

(一)调查研究

1950年3月22日,中央民族事务委员会致电新疆省,要求调查研究新疆各民族的政治、经济、文化、教育和阶级、历史等情况,以及各民族间的关系等。随之,中共中央新疆分局成立了调查研究室,对新疆各民族的阶级关系、社会经济、人口分布等情况进行调查,并发出通知,要求全省各地认真做好这一工作。1950年3月间,新疆分局第二书记徐立清带领新疆分局宣传部和研究室的十几名工作人员到伊犁地区的巩哈县(今尼勒克县)和伊宁进行了针对牧区和农村的社会调查。1951年夏到1952年夏,由新疆分局宣传部部长兼研究室主任邓力群率领宣传部、研究室干部8人

在南疆12个县的13个典型村进行了调查。这次调查的报告于1953年由新疆人民出版社出版,书名为《南疆农村社会》。

（二）宣传教育

1952年9月,开始在全疆各族干部中组织学习中央有关民族区域自治的文件。中共中央新疆分局第四书记赛福鼎·艾则孜向省级机关做了《关于推行民族区域自治政策的报告》,并提出了三条原则:(1)实行民族区域自治,不是为了搞民族分裂或民族独立,而是为了进一步巩固民族团结;(2)实行民族区域自治以各民族聚居地区为基础,其目的是根据民族特点、地区特点,发展各民族经济,然后求得文化和其他方面的发展;(3)必须无情地反对大民族主义和狭隘民族主义。这次报告进一步推动了全疆学习宣传民族区域自治的活动。1952年12月7日,中共中央西北分局在对《西北民族区域自治实施计划》的批复中指示新疆分局,当前应积极抓好推行民族区域自治的各项准备工作,特别是抓好干部的理论和政策学习以做好思想准备。遵照中共中央和中共中央西北局的指示,新疆省推行民族区域自治筹备委员会积极开展民族区域自治政策的宣传教育工作,并召开有关的座谈会,编印了大量维吾尔、哈萨克、蒙古、汉、锡伯、俄罗斯等民族文字的民族政策学习资料,还通过广播报刊等形式向群众开展有关民族区域自治政策的宣传工作。

（三）培养干部

新中国成立初期,新疆仅有少数民族干部约3900名,[1]远不能满足实际工作的需要。1950年,中央人民政府政务院颁发了《培养少数民族干部试行方案》,明确提出了要普遍而大量地培养各少数民族干部的工作方针。根据这一方针和新疆的实际需要,中共中央新疆分局一方面选送一批少数民族干部到内地民族学院学习培训,一方面积极开办各级民族干部党校和民族干部培训班,大力培养少数民族干部。1953年6～9月,新疆

---

[1]陈国裕:《党的民族区域自治政策永放光芒——新中国成立初期新疆推行民族区域自治的实践与启示》,载《新疆社科论坛》,2011年第2期,第2—5页。

分局在省干校开办了民族区域自治干部培训班，先后对各地选派的296名维吾尔、哈萨克、柯尔克孜、回、蒙古、塔吉克、锡伯、达斡尔、满等民族的在职干部和部分积极分子及爱国民主人士进行了培训。新疆分局领导赛福鼎·艾则孜等还分别向党员讲授了中国民族问题、民族区域自治等课程。同时，还特别注重在减租反霸、镇压反革命和抗美援朝运动中发现、培养少数民族干部。到1955年新疆维吾尔自治区成立时，全疆已培养了4.6万名少数民族干部，[1]为在新疆全面推行民族区域自治政策提供了组织保证。

三、实施步骤

（一）成立专门机构

1952年8月召开的新疆省第一届第二次各族人民代表会议通过了《关于执行〈中华人民共和国民族区域自治实施纲要〉的决议》，对新疆推行民族区域自治的筹备工作进行了安排，交流工作经验，正式成立了新疆省推行民族区域自治筹备委员会，任命省主席包尔汉为主任委员，高锦纯、赛福鼎·艾则孜、安尼瓦尔·贾库林为副主任委员，由政府秘书长阿不都拉·扎克洛夫兼任筹委会秘书长，负责筹委会的日常工作。筹委会设置了秘书、宣传、财务等处室，编制11人，由筹委会领导全疆推行民族区域自治工作。

（二）加强领导

1953年4月2日，中共中央新疆分局召开常委会议，王恩茂在会上传达了中共中央对新疆民族区域自治工作的指示。中央对新疆实行《民族区域自治计划》（草案）基本同意，并提出了要注意以下几点：（1）新疆有13个民族，其中又以维吾尔族为主，因此，在实行民族区域自治过程

---

[1]《新疆民族知识——建立和完善民族区域自治制度》，中国民族宗教网[EB/OL]（2010-04-20）[2012-11-23]（http://www.mzb.com.cn/html/Home/report/125787-2.htm）。

中或实现民族区域自治以后，维吾尔族必须主动照顾其他兄弟民族。同时，由于哈萨克自治区内也有13个民族成分，因此，哈萨克族也要照顾该自治区范围内的其他少数民族。这样才有利于民族团结。（2）必须贯彻"慎重稳进"的方针。实行民族区域自治的准备时间还可以长一点，以便做好工作，进一步加强各民族的团结。实行民族区域自治时，不仅要照顾目前的聚居情况，而且必须照顾将来的发展条件，以利于各民族在经济上、文化上的发展。（3）新疆的名称不改，行政地位相当于省级，属中央领导。伊犁划入哈萨克族自治区内。实行民族区域自治的步骤应改"自下而上"为"由小到大"更为明确。为照顾柯尔克孜族将来的发展，应该在该民族自治区附近适当划给一部分农业区。

同年4月13日，中共中央对新疆实行民族区域自治又做出了新的指示：（1）在新疆推行民族区域自治是一项极为重大的政治任务，必须加强党的领导。为把准备工作做好，可在土地改革基本结束后，先从维吾尔族以外的其他少数民族聚居区进行，在此基础上再筹建全省范围内的民族区域自治。（2）在推行民族区域自治和进行民族政策宣传中，必须强调爱国主义教育，这在新疆具有更为重大的实际意义。（3）维吾尔族在新疆如同汉族在全国一样，是主体民族，因此，维吾尔族要如同汉族在全国范围内团结、帮助、照顾各少数民族一样，来团结、帮助、照顾新疆境内的其他少数民族。在推行民族区域自治过程中，既要注意以少数民族聚居区为主，又要照顾各民族自治区经济、政治发展的需要，不仅自觉地使各少数民族人民在经济上享有平等权利，而且要使他们从事实上真正体验到维吾尔族对自己的帮助和照顾。只有这样，才能通过推行民族区域自治，更进一步加强和发展新疆各民族人民的团结合作。

同年6月1～9日，中共中央新疆分局召开扩大会议，通过了包尔汉·沙赫德拉做的《关于新疆推行民族区域自治工作计划》的报告以及《新疆省民族区域自治实施计划》（草案）。该《计划》（草案）提出，新疆除建立全省的以维吾尔族为主的自治区外，还要建立其他民族自治地方的行署级

1个、专署级4个、县级6个,以及区、乡级若干个。

(三)进行试点

1953年8月,由省人民政府干部学校民族区域自治干部培训部结业的284名学员,被分编为三个工作团,分赴鄯善县东巴扎乡、霍城县伊车嘎善乡和乌苏县四棵树分别进行试点。他们先后建立了相当于乡的鄯善县东巴扎回族自治区、霍城县伊车嘎善锡伯族自治区和相当于区级的乌苏县吉尔格勒特郭楞蒙古自治区。试点最短有50天,最长有70多天。在总结试点经验的基础上,在全省有建立民族区域自治地方的任务的地区,普遍开始推行先乡、区级,后县级,再专署级和行署级的自治机关建立工作。

(四)全面推行

1953年11月20日,新疆省人民政府举行第19次委员会议暨111次行政联席会议,讨论通过了实行民族区域自治的4个条例和在全省推行民族区域自治的实施安排。12月1日,省人民政府正式公布了《新疆省推行民族区域自治筹备委员会条例》《新疆省相当于行署及行署以下各级民族区域自治区筹备委员会组织条例》《新疆省相当于区一级民族自治区人民政府组织条例》《新疆省相当于乡一级民族自治区人民政府组织条例》。同时还发出了《关于建立相当于区、乡级自治区第二期工作安排》。1953年12月22日,政务院批复同意《新疆省人民政府关于新疆民族区域自治实施计划》和《新疆省人民政府关于新疆省民族区域自治实施办法》。

根据中共中央的指示和实施计划,按照自下而上、由小到大、逐级推行的办法,推行民族区域自治工作开始有计划、有步骤地在全疆全面展开。实施工作分五步进行:第一步,建立相当于区、乡级的民族生活区;第二步,建立县级民族生活区;第三步,建立专署级民族生活区;第四步,建立相当于行署级的民族自治州;第五步,建立省级民族自治区。

1954年,全疆建立了相当于行署级的伊犁哈萨克自治区1个,相当于专署级的博尔塔拉蒙古自治区、巴音郭楞蒙古自治区、昌吉回族自治区、克孜勒苏柯尔克孜自治区共4个,相当于县级的焉耆回族自治区、察布查尔锡伯自治区、和布克赛尔蒙古自治区、木垒哈萨克自治区、塔什库尔干塔吉克自治区、巴里坤哈萨克自治区共6个；同时，还建立了相当于区级的乌苏县吉尔格勒特郭楞蒙古自治区、伊宁县愉群翁回族自治区、塔城县瓜尔本舍尔达斡尔自治区、额敏县额玛勒郭楞蒙古自治区共7个，相当于乡级的霍城县伊车嘎善锡伯族自治区、昭苏县琼木扎尔特英额艾热克柯尔克孜族自治区、鄯善县东巴扎回族自治区、莎车县孜热甫夏提塔吉克族自治区、叶城县阿扎提阿巴提塔吉克族自治区、皮山县诺吾阿巴提塔吉克族自治区、特克斯县塔温布勒克蒙古族自治区、特克斯县霍吉尔特蒙古族自治区和阿勒泰县康布铁堡蒙古族自治区共9个。

四、新疆民族区域自治制度的规范调整

（一）规范名称

在推行民族区域自治的阶段，我国将自治地方一律称为自治区，并分为省级、行署级、专署级、县级、区级和乡级等六级。1954年7月23日，中共中央新疆分局转发了中共中央统战部《关于县以下民族自治地方暂缓建立和改变等问题的指示》，确定"全国各民族自治机关的行政地位为自治区、自治州、自治县三级。因此，尚未建立的县以下的民族自治区应不再建立，已经建立的民族自治区将来应改为民族乡"。1954年9月《中华人民共和国宪法》颁布，并对民族区域自治制度进一步做了较全面的规定。这部宪法明确规定我国的自治地方是自治区、自治州和自治县。同时根据国务院的要求，县属区、乡两级民族自治区，凡符合建立自治县条件的改建为自治县，其余的一律改为民族乡。依照宪法的规定和中央的指示，新疆就存在着对已建立的自治地方进行规范调整的任务。1955年2月，新疆省人民政府发布了《关于统一规定本省原相当于县暨县以上各民族自治地方自治机关名称的命令》，将相当于行署和专区级的民族自治区改为自治州，相当于县级的民族自治区改为自治县，县所属区、乡民族自治区改

为民族乡。原行署、专署级、县级和区、乡级民族自治区人民政府分别改为自治州人民委员会、自治县人民委员会及民族乡人民委员会。原行署、专署级和县级民族自治区的主席和副主席称为州长、副州长、县长、副县长。根据这一命令,新疆对已建立的27个民族自治地方,包括9个乡级、7个区级、6个县级、4个专署级和1个行署级的行政名称统一进行了规范。

(二)区划调整

在实行民族区域自治的过程中,不仅考虑到了民族聚居的特点及民族分布的状况,同时还从有利于各民族共同繁荣的长远利益出发,在区划上又做了适当的照顾和调整。1954年7月15日,昌吉回族自治州成立市,辖有昌吉、米泉、乌鲁木齐三县。1958年5月,国务院批准撤销乌鲁木齐专区,将其原辖的奇台、阜康、玛纳斯、呼图壁、吉木萨尔和木垒哈萨克自治县等6个县划归昌吉回族自治州领导。1959年10月6日,经国务院批准,将昌吉回族自治州所辖的乌鲁木齐县划归乌鲁木齐市领导;在筹建伊犁哈萨克自治州时,一开始就确定其为行署级,下辖伊犁、塔城、阿勒泰三个地区,并还曾代管过博尔塔拉蒙古自治州。在20世纪50年代,新疆蒙古族仅有5万多人口,但考虑到其聚居特点和历史情况,除建立了巴音郭楞蒙古自治州和博尔塔拉蒙古自治州外,还建立了和布克赛尔蒙古自治县。为了进一步促进自治地方的发展,1960年11月12日,经国务院批准撤销焉耆专区,将其所辖的库尔勒、尉犁、轮台、且末、若羌5个县并入巴音郭楞蒙古自治州,自治州机关驻地也由焉耆县迁往库尔勒县。1970年11月20日,国务院批准设置博湖县,将和硕县的跃进、光明两个公社及焉耆县的五号渠公社的三个队划归该县,博湖县受巴音郭楞蒙古自治州领导。

(三)名称确定

在实行民族区域自治的酝酿过程中,新疆各族人民对建立自治区的基本认识是一致的,但对省级自治区的名称问题有三种不同意见:一种意见主张用"新疆维吾尔自治区",另一种意见主张用"新疆自治区",第三种意见主张用"维吾尔斯坦"。中共中央新疆分局对自治区的名称问题采取了比较慎重的态度。此事同时也引起中共中央的重视。1954年11月13日，党中央致电新疆分局：此事请分局在党内外更大范围内征求意见后再报中央决定。新疆分局、新疆省人民政府在组织各族干部群众经过多次讨论后认为：

一是关于用"维吾尔斯坦"一词来取代"新疆"一词的主张。新疆分局组织有关人员对此进行了讨论，并广泛征求了各族各界人士的意见，认为历史上民族分裂主义分子在新疆搞过建立"东突厥斯坦"的活动。同时在国际上，有些独立的国家名称也使用"斯坦"，如"巴基斯坦"等。这样，如用"维吾尔斯坦"，极易同历史上出现的"东突厥斯坦"混同，有被人误解为独立国家的可能。再者"斯坦"一词不能确切反映新疆的情况，新疆是多民族地区，仅仅说"维吾尔斯坦"不利于民族团结。同时"斯坦"一词也不符合中国人的语言习惯，会使广大群众不易理解。

二是关于"新疆"这一地理名称的使用问题。经研究认为，"新疆"一词的正式使用源自1884年新疆建省。左宗棠在给清政府的奏折中就新疆建省后的名称问题提出："他族逼处，故土新归"，主张建省后叫"新疆"。意思是新疆地区自汉唐以来就是我国的领土，现在又失而复得，含有收复失地的纪念意义。所以"新疆"一词尽管是过去统治阶级开始使用的，但无贬意。现在对它赋予"社会主义新的土地"的含义也很好。事实上，"新疆"一词作为地理名称已为中外熟知接受，继续使用有利于维护祖国统一和民族团结。当中共中央新疆分局和新疆省政府通过多种形式，将"维吾尔斯坦"和"新疆"这两个名称的来龙去脉和取舍理由向各族群众解说清楚后，继续使用"新疆"这一名称的主张得到了包括维吾尔族在内的新疆各民族群众的赞同。

三是关于自治区的名称是叫"新疆自治区"还是叫"新疆维吾尔自治区"的问题。新疆分局和新疆省人民政府在组织各族干部群众经过多次讨论后认为，已经建立的自治州、自治县都同时标明了地名和民族名称。维吾尔族是新疆人口数量最多的一个民族，建立省一级的民族自治区，应当冠以维吾尔族名称,这完全符合《民族区域自治纲要》中关于确定民族自治地方名称的原则。称"新疆自治区"虽有利于维吾尔族团结其他各民族,但没有表明是哪个民族在实行自治。"新疆维吾尔自治区"这一名称,有利于维吾尔族树立团结其他民族共同建设新疆的责任感。1955年2月28日,新疆分局致电中央郑重建议:"关于新疆实行民族区域自治的名称是'新疆自治区'或是'新疆维吾尔自治区'的问题,经过长期的酝酿,维吾尔族的高级干部,除赛福鼎·艾则孜、包尔汉·沙赫德拉表示由中央如何决定即如何执行外,其余都要求称'新疆维吾尔自治区'。业已实行民族区域自治的其他民族高级干部,因本民族自治地方的名称,都是地名加上本民族的名称,所以对新疆实行以维吾尔族为主的民族区域自治,绝大多数同意称'新疆维吾尔自治区'。在分局委员中的汉族干部,根据党的民族政策和新疆的实际情况反复考虑,绝大多数认为称'新疆维吾尔自治区'为好。"4月16日,中央复电新疆分局:"2月28日电悉。关于新疆实行民族区域自治的名称问题,中央同意你们所提意见称作'新疆维吾尔自治区'。"

1957年,国务院总理周恩来曾对新疆维吾尔自治区的名称问题有过明确论述:"我们采取的是适合我国情况的有利于民族合作的民族区域制度。我们不去强调民族分立。现在若要强调民族可以分立,帝国主义就正好来利用。即使它不会成功,也会增加各民族合作中的麻烦。例如新疆,在解放前,有些反动分子进行东土耳其斯坦之类的分裂活动,就是被帝国主义利用了。有鉴于此,在成立新疆维吾尔自治区时,我们没有赞成采用维吾尔斯坦这个名称。新疆不仅有维吾尔一个民族,还有其他12个民族,也不能把13个民族搞成13个斯坦。党和政府最后确定成立新疆维吾尔自治区,新疆的同志也同意。称为新疆维吾尔自治区,'帽子'还是戴的维吾尔族,因为维吾尔族在新疆是主体民族,占70%以上,其他民族也共同戴这个帽子。"这里"有一个民族合作的意思在里面"。

五、宣布新疆维吾尔自治区成立

从1953年起到1954年底，新疆先后成立了9个乡级自治区、7个区级自治区、6个县级自治区和5个专署或行署级自治区。至此，新疆维吾尔族以外的其他少数民族聚居区的自治地方建立工作已经完成，成立以维吾尔族为主体的省级自治区的条件已趋成熟。1955年1月20日，中共中央新疆分局发出了《关于成立省级自治区的指示》，并正式开始了成立省级自治区的各项准备工作。为把成立自治区的工作准备得更好，新疆分局决定将原计划于1955年5月1日成立新疆维吾尔自治区的方案改为10月成立。经过几个月的紧张筹备，1955年8月2日，新疆省人民政府委员会举行了第18次扩大会议，决定新疆维吾尔自治区即将在省第一届人民代表大会第二次会议上成立。1955年9月13日，全国人民代表大会常务委员会二十一次会议，通过了由周恩来总理提交的《关于成立新疆维吾尔自治区、撤销新疆省建制的决议》。

1955年9月20日至30日，新疆省第一届人民代表大会第二次会议在乌鲁木齐隆重召开。代表们一致拥护建立新疆维吾尔自治区。大会通过《坚决拥护中国共产党中央委员会和中央人民政府代表董必武同志指示的决议》《关于拥护〈全国人民代表大会常务委员会第二十一次会议关于成立新疆维吾尔自治区、撤销新疆省建制的决议〉的决议》《中华人民共和国新疆维吾尔自治区各级人民代表大会和各级人民委员会的组织条例》等文件。大会选举赛福鼎·艾则孜（维吾尔族）为新疆维吾尔自治区主席，高锦纯、伊敏诺夫（维吾尔族）、帕提汗·苏古尔巴也人（哈萨克族）为副主席，阿不都热依木·艾莎等37人为委员的新疆维吾尔自治区人民委员会。委员中维吾尔族为19人，汉族为8人，哈萨克族为5人，塔塔尔族为2人，回、蒙古、柯尔克孜、锡伯、乌孜别克、塔吉克、达斡尔等民族各1人。同时选举了新疆维吾尔自治区高级人民法院和7个地区的中级人民法院院长。大会通过了向中共中央和毛泽东主席、全国人民代表大会常务委员会、国务院的致敬电文。9月30日,《人民日报》发表了《新疆维吾尔自治区成立的重要意义》社论。10月1日,各族各界群众6万余人在乌鲁木齐市人民广场举行了盛大集会,宣布新疆维吾尔自治区成立。大会由乌鲁木齐市长任戈白主持,由赛福鼎·艾则孜致辞并宣布新疆维吾尔自治区成立,中央代表团团长董必武代表中共中央、中央人民政府向新疆各族人民致以热烈的祝贺。全国政协副主席陈嘉庚也发表了讲话。全国政协副主席包尔汉·沙赫德拉、国家民委副主任刘春以及内蒙古、广西、吉林、云南、贵州、四川、青海、甘肃、陕西、西藏等省(区)的代表出席了大会。自治区党委第一书记王恩茂及自治区其他领导武开章、陶峙岳、张希钦、伊敏诺夫、帕提汗·苏古尔巴也夫、吕剑人、辛兰亭等也出席了大会。10月3日,毛泽东主席在中共七届六中全委扩大会议期间,专门向赛福鼎·艾则孜握手说:"祝贺你们成立了新疆维吾尔自治区。"至此,新疆的12个世居少数民族,除俄罗斯、满等民族由于人口较少和聚居分散,不适宜建立自治地方外,其他少数民族都建立了自治地方或民族乡。实行民族区域自治的各少数民族总人口,占当时新疆总人口的80%以上。[1]

为了保障新疆维吾尔自治区各项工作的顺利实施,新疆维吾尔自治区人大及其常委会结合新疆实际,突出了民族特色,审议通过了涵盖新疆政治、经济、文化和社会生活的各个方面的一系列法律、法规,实现了新疆地方性立法从无到有,立法机制从立法职能部门立法到开门立法的完善发展。自新疆第一个地方性法规颁布实施以来,自治区人大根据新疆不同时期的特征和实际需要,截至2011年底,先后制定审议通过地方性法规和具有地方法规性质的决定、决议共计386条。这一系列地方性法规的制定,为自治区各部门依法管理提供了依据,维护了国家、集体和个人的合法权益,保证了新疆经济、文化各项建设事业规范、健康、有序地发展。

---

[1]俞虹:《党的民族区域自治政策在新疆的实施》,《新疆日报》2011年6月25日。

第三节 新疆经济

新疆距全国的经济中心较远，和祖国腹地只有一条兰新铁路相通，而邻近的甘肃、青海、西藏等省区多为经济不发达地区。因此新疆地区产业结构有很大的相对独立性，这就要求地区国民经济发展的基础部门有相当的发展，具体来说，要大力发展农牧业，粮食生产要自给有余，要大力发展能源工业和建筑材料工业，以保证本地区其他产业部门的发展。

一、解放后新疆经济的发展状况

解放后，新疆的经济运行完全是在计划经济体制之内，新疆经济发展政策的制定、实施受到了很多国际、国内政治因素的干扰。建国初期，由于新疆距内地遥远，交通不便，而原有的农业生产已不足以解决新疆人口的吃饭问题，在这种情况下，中国人民解放军遵照党中央的指示，开始了大规模的屯垦活动。屯垦的主要区域在天山北坡区，在这一区域形成了大片的人工绿洲，农业产量急速上升。随后新疆其他区域也都不同程度地进行了屯垦活动，农业产量都有了比较大的提高。但是单靠农业的发展远不足以改变新疆的经济格局，事实上，真正使新疆区域经济格局发生重大变化的是各区域工业化进程的不一致。

新疆工业基础薄弱，起步较晚，但发展比较快。"一五"计划时期中央把大力发展内陆地区和边疆少数民族地区经济，作为实现沿海、内地、边疆少数民族地区间经济关系合理化的一项主要任务提出来了。新疆工业布局从一开始就主要集中在天山北坡区，主要是乌鲁木齐和克拉玛依。这是因为，按传统的布局思想，作为新疆首府的乌鲁木齐除了是政治文化中心外，一定也是全疆的经济中心，同时，乌鲁木齐的战略地位十分突出，又远离边界线，在国际关系紧张的年代，工业布局很少考虑到边界地区，所以在很长一段时间里，新疆的工业布局很少在南疆地区。正是在这一布局思想的指导下，乌鲁木齐市在很短的时间里就建起了比较齐全的工业基础。在天山北坡区的另一个点——克拉玛依市，由于较早发现了丰富的石油资源，按照石油资源在国家经济发展中的重要地位和原材料就地加工的布局思想，较早地建立了以石油开采、加工为基础的工业体系。

十四届三中全会之前新疆经济的发展，不仅使全区生产规模发生了巨大的变化，而且整个地区产业结构也发生了质的变化。主要表现在以下几个方面：

（一）农轻重的比例日益协调

解放前，农牧业虽在新疆经济中占优势，但其生产水平十分落后。农村经济处于自给半自给状况，商品率很低，工业基础十分薄弱，所需的生产资料和日用工业品几乎全靠内地供应或国外进口。解放后，为了从根本上改变新疆经济落后的状况，自治区党委和政府在大力发展农牧业的同时，十分重视发展工业生产，使现代工业从无到有、从小到大迅速发展，逐步改变了历史遗留下来的农轻重比例关系极不合理的状况。首先，从经济发展的速度上看，工业发展的平均速度高于农业发展的速度，而在工业中重工业的发展速度又高于轻工业的发展速度。随着经济结构的调整，近几年来，全区工业有了很大发展，农轻重比例关系日趋合理。从1950年至1984年，全区工农业总产值平均年增长速度为7.97%，而同期，农业为5.82%，工业为12.71%；其中，轻工业为10.26%，重工业为21.37%。而1979年至1984年期间，全区工农业总产值年平均增长速度则为9.92%，同期农业为9.44%，工业为10.29%，其中轻工业为11.61%，重工业为9.30%。[1]

（二）从全区国民经济中农轻重的比例构成看，地区产业结构也日趋合理

随着第一、二个五年计划的顺利实现，新疆的经济结构发生了巨大的变化，逐步由一个落后的农业区变为一个有较为发达的农业做基础，又有

---

[1] 数据来源：2003年《新疆统计年鉴》。

一定现代工业的经济发展区。当然,在调整经济结构和正确处理国民经济中农轻重的比例关系时,也不能片面追求工业产值在工农业总产值中的比例,单纯地从工业总产值在工农业总产值中的比重来判断地区经济结构是否合理。更重要的是,要在工业发展的基础上,用现代化的机械设备,现代化的科学技术,现代化的管理方法,去装备和改造传统农业,发展社会主义现代化的大农业,提高农业资源的利用率,逐步走农工商一体化的道路,使农牧业真正成为新疆的支柱产业之一。同时,不应该机械地搬用马克思主义经典作家关于优先发展重工业的论述,去处理工业结构中重工业和轻工业的关系,片面地追求重工业产值在工业总产值中所占的比重。而是要从新疆的实际出发,从建立合理的地区产业结构出发,把长远开发规划和近期产业发展对策结合起来,正确地处理工业结构中重工业和轻工业的比例关系。

(三)全区国民经济结构中农轻重比例关系比较协调,还集中反映在农业布局逐渐适应工业的发展和人口的分布

1949年前,新疆的粮食生产主要集中在老的农业区,如南疆的喀什、阿克苏及和田三个地区,1949年粮食产量为9.57亿斤,占全疆粮食总产量的56.42%。随着南北疆地区的经济开发,到1982年底,北疆地区人口占全疆总人口的47.3%,粮食产量占全疆粮食总产量的44.59%;南疆地区人口占全疆总人口的46.6%,粮食产量占全疆粮食总产量的50.5%;东疆地区人口和粮食则分别占全疆总数的6%和5%。[1]

由此看来,农业布局和工业布局以及人口的分布,大体是协调的。

(四)从建立合理的地区产业结构来看,全区国民经济结构中农轻重比例关系日趋协调

随着产业结构的变动,逐步形成以农牧业、石油和石油化工、食品工业和轻纺工业、能源工业、建筑材料工业五大产业为支柱的合理的产业结构。

---

[1]数据来源:2012年《新疆统计年鉴》。

在新疆维吾尔自治区统计局编《新疆维吾尔自治区社会主义建设光辉成就（1949～1984）》（内部资料）中工业的产值为880411万元，占同期全区工农业总产值的83.54%，是名副其实的支柱产业。从发展速度上看，电力、煤炭、石油、建材、食品部门的平均增长速度，均高于全区工业部门的平均增长速度。同时亦应看到，虽然全区支柱产业发展很快，产值在国民经济中的比重很高，但是，由于产品的结构不合理，加工深度不高，经济效益还不高，还不能在支柱产业的带动、引导下，逐步形成自己的优势产品，形成一个布局和规模结构、技术结构合理，各个部门有机配合，优化高效的产业群体。因此，必须正确处理国民经济发展中的各种关系，真正以五大产业为支柱，建立合理的地区产业结构。

二、改革开放以来新疆的经济发展

党的十一届三中全会以来，新疆根据国家的总体部署，先后制定了6个五年计划和2020年远景目标纲要。在这些计划或远景规划中，都或多或少地包含了经济结构方面的内容，它们在不同的历史时期都在一定程度上促进了新疆经济的发展。

"积极开发，突出重点，循序前进"的战略经济布局。党的十一届三中全会以来，我们党提出和指定了经济发展战略以指导和规划经济的起飞。在邓小平理论的指引下，中央也制定了新疆经济和社会发展战略。

新疆经济空间结构模式研究变化。铁路运输是新疆交通大动脉的主体，兰新铁路、北疆铁路、南疆铁路连通天山南北、横贯大漠东西，为推动新疆经济的发展曾发挥了较大的作用。

1983年，中央确定了加快新疆开发的步伐，提出了开发建设新疆的整体战略设想。这就是：开发新疆，开发大西北，使新疆和整个大西北成为21世纪我国一个最重要的经济建设基地，并考虑优先发展新疆。"七五"计划明确地提出了地区经济布局思想，区域经济发展的方针是"积极开发，突出重点,循序前进"。在总体布局方面提出了南疆和北疆两个经济区域的划分,并划出一条很长的工业带。在南北疆经济区发展的关系上,"七五"计划提出:以北疆为重点,同时加速发展南疆,使南北疆互相支持、互相促进、共同富裕。切实搞好哈密—乌鲁木齐—克拉玛依一带现有工业基地的改造和扩建,充分发挥其生产潜力,增强其开发其他地区的能力。在北疆强调大力发展农牧业,特别是天山北坡区一带,建成全疆最发达的农牧业;而在南疆则建设一大批能源工业。"七五"期间,在工业发展上,能源和轻工业发展投入较多,由于能源和轻工业主要布点在南疆西南部区,所以这一时期,该区域第二产业发展较快。在农业结构调整上,提出建立畜牧业、瓜果园艺业和粮棉油大田种植业三大农业支柱,并提出各种植业比重下调到农业总产值的68.8%,畜牧业产值上升到农业总产值的22%。但传统计划管理模式并没有大的改变,投资体制仍以行业为主,而非突出区域特点。新疆维吾尔自治区的总体思路也是平衡各区域间的经济发展。"八五"计划提出的地区经济总体布局战略是:依托中部南下西进、突出重点、有序展开。1992年3月自治区党委做出了《自治区党委关于加快改革开放步伐加速新疆经济发展的决定》,提出了两种战略:一是提出了优势资源转换战略,主要是利用和开发石油资源,把石油作为首要优势的产业对新疆产业结构进行方向性的调整。二是提出了"全方位开放、向西倾斜、内引外联、东联西出"的对外开放战略。这两大战略是相辅相成的,以地缘优势带动资源优势,以贸易先行促进产业联动。石油开发区域、沿桥区域、开放城市以及部分沿边区域就成为重点发展区域,比其他区域获得更多投资,拥有更多的发展机会。

根据"八五"计划的战略部署,新疆开始了兰新铁路西段的复建工作。兰新铁路西段又称之为北疆铁路,它东起乌鲁木齐,西与哈萨克斯坦的土西铁路接轨,全长460公里。该线于1985年5月1日正式复工,1990年8月铺轨到阿拉山口车站,1990年9月1日乌鲁木齐至阿拉山口全线通车。同年9月12日,兰新铁路西段与土西铁路在阿拉山口至德鲁日巴间接轨,第二座亚欧大陆桥全线贯通,设计运输能力1000万吨。1991年7月10日,中国乌鲁木齐铁路局与原苏联阿拉木图铁路局开办了临时国际货物运输业务,1992年6月23日,中国与哈萨克斯坦正式开办了国际旅客运输业务,1992年12月1日正式开办中哈国际货物运输业务。

兰新铁路西段连通了我国与欧洲大陆的铁路,形成了一条东起江苏连云港,西至荷兰鹿特丹的交通干线,促进了新疆与中亚、东欧、西欧、中东等国家经济贸易的往来和国际旅游业的发展。它与兰新铁路(兰州—乌鲁木齐)一同构成了这一时期的经济空间结构模式。在这一时期,新疆提出了南下西进的总体发展布局,但是优先开发的是西进,重点发展的是北疆经济,而南疆的铁路在这一时期只通到库尔勒,这在一定程度上制约了南疆经济的发展,使得南北疆经济失衡。

"九五"期间,新疆实施以"一黑一白"为重点的优势资源转换战略,以加快优势产业和名牌产品的发展。实施了"依托陆桥,扶南促北,强化重点,有序发展"的经济布局战略,总体框架是以天山北坡综合经济带为依托,以铁路和公路主干线为骨干,以区域性和地区性经济中心城市为支点,辐射带动地区经济协调发展。在这一时期,中央把开发建设新疆作为一个重点,列入了规划。国家"九五"计划中,规划了开发建设新疆的重要内容。一是,"搞好黑龙江、新疆、黄淮海、吉林、甘肃河西走廊等地区的连片开发和粮棉生产基地建设,继续扶持粮棉集中产地发展经济";二是,"充分利用海南天然气和新疆油田伴生气建设大型氮肥基地";三是,"建设南疆铁路";四是,"把部分劳动密集型的加工能力由东部地区转到中西部地区";五是,"西北地区发挥联接东亚和中亚的区位优势,农牧业、能源、矿产资源丰富和军工企业的优势,以亚欧大陆桥为纽带,加快水利、交通建设和资源开发,形成全国重要的棉花和畜产品基地、石油化工基地、能源基地和有色金属基地"。

在党中央的正确领导下,新疆开始了南疆铁路的建设。南疆铁路北接吐鲁番,南接南疆重镇库尔勒市。1974年动工修建,全长476公里,

1984年8月30日正式开始运营。1996年9月,南疆铁路西延工程破土动工,1999年5月6日该工程比原计划提前5个月全线铺通,同年10月开始临时运营,12月6日正式投入使用。南疆铁路西延工程的建成,为南疆阿克苏、克孜勒苏、喀什和兵团农一师、农三师的经济建设注入了活力,使南疆地区人民的经济生活发生了深刻的变化。

"十五"期间,根据西部大开发战略目标,按照"培育竞争优势,构建特色经济,实施区域突进,促进共同发展"的原则,突出加快天山北坡经济带发展,并以兰新铁路和南疆铁路为主轴,以沿边带及公路干线为辅轴,经济中心城市及边境口岸城镇为支点,发挥区域竞争优势,发展各具特色的区域经济,促进全区经济的共同繁荣。由此,新疆综合交通的发展按照《新疆维吾尔自治区国民经济和社会发展第十个五年计划纲要》的要求,坚持交通先行,适度超前的原则,以公路建设为重点,全面加强铁路、民航的建设,加快完善新疆与中、东部地区,通江达海,联结周边国家的运输通道,加强交通枢纽以及主要干线网络建设,实现新疆综合交通的协调发展。

"十一五"规划当中,明确提出了加快公路网的建设:重点完成国道主干线改建任务,使新疆境内段全部以二级以上等级贯通,天山北坡经济带所在新疆经济空间结构模式研究区域路段高速化;加大西部公路干线建设投资力度,使西部通道公路的交通条件有重大改善;加快路网改造,围绕经济干线、贫困县与国道的连接线、通县油路工程、口岸公路、主枢纽及骨架公路、经济干线上的危桥展开改造工作。具体为:以国道216、217、215、312、324、315线及边防公路为主轴的"三纵三横"的结构模式。"十一五"期间,新疆铁路建设方面,重点进行精河至伊宁铁路、中吉乌铁路的建设,做好奎屯至阿勒泰铁路、喀什至和田等铁路的前期准备工作。在机场建设方面,主要完善乌鲁木齐、喀什国际机场功能,新建新源那拉提机场、吐鲁番机场、博乐机场,改建和田机场,迁建库尔勒、克拉玛依机场,恢复哈密机场,使区内机场达到15个。

积极开辟疆内环游航线,重点开辟乌鲁木齐至那拉提、喀什至伊宁、阿勒泰至伊宁、克拉玛依至库尔勒等区内航空支线,以适应区际间交流及旅游事业发展的需要。上面简单地回顾了建国以来新疆的经济空间结构的演变过程,总的看来,新疆的经济空间结构随着新疆的经济发展战略一起,经历了一个从均衡到不均衡的过程。改革开放前的传统农业经济条件下的新疆,处于区域经济空间结构演变的低水平均衡阶段,是未得到真正开发的较原始的均质区。改革开放以后的 80 年代中后期,虽然传统计划管理模式并没有大的改变,但是明确提出了地区经济布局的思想,在总体布局方面提出了南疆和北疆两个经济区域的划分,并划出一条很长的工业带,即天山北坡经济带,我们可以感到这是不平衡发展思想的萌芽。随后,"八五""九五"计划当中,突出发展重点区域,着重加强南北疆铁路的建设,促成了新疆经济空间结构的不平衡,南北疆经济发展水平差异呈扩大趋势。

三、经济管理体制的变革和取得的成效

(一)新疆管理体制的沿革

新疆经济管理体制是解放以后从上而下逐步建立和完善起来的。在 1955 年 9 月底以前,新疆是省的建制,经济管理体制同国内其他省市基本上是一样的。1955 年 10 月 1 日,新疆维吾尔自治区正式成立,开始实行民族区的经济管理体制。根据宪法规定,少数民族自治地区较内地享有较大管理经济的自主权,但在实践上还没有得到较为完整的解决。

50 多年来,新疆的经济管理体制曾经进行过几次改革,这些改革都是根据中央有关方针政策进行的,基本上与国内其他省市区的改革保持同步。第一次是 50 年代初期,那时新疆的经济基础十分薄弱,农业主要是分散的以手工操作为主的小农经济,现代工业企业为数很少,大部分是小型企业。为了适应大规模经济建设的需要,对国民经济实行集中统一管理,

工业、交通和基本建设计划,主要是由自治区以指令计划下达的,主要物质也是由自治区统一分配的。这种经济管理体制是同当时的生产力发展水平相适应的,使自治区能集中必要的人力、物力、财力进行重点建设,使建设项目能较快地投入生产,发挥经济效益。但这种经济管理体制也有明显的缺点,就是自治区集中过多,管得过细、过死,不利于发挥地区和企业的主动性、积极性。第二次是1958年开始的。当时全国改革的中心内容是扩大地方权力,中央各部除了保留一些特别重要的企业外,大部分都下放到地方管理。地方的财权、物权也有了相应扩大。按照中央各部的办法,自治区也将部分企业下放给地区管理。这次改革由于扩大了地区的权力,调动了地区发展经济的积极性,方向是对的。但是也出现了许多问题,如有些重点企业下放给地区管理后,打乱供产销关系,造成了混乱。由于计划失去了控制,造成随便上基建项目和随意招工,给国民经济带来了很多损失。第三次改革是1961年到1963年。根据中央"调整、巩固、充实、提高"的方针,自治区逐步加强了集中统一管理,一些下放不当的企业和人财物方面的权力又收了回来,基本上恢复到1957年以前的做法。这次改革对完成国民经济的调整任务起了重要作用,但由于权力过于集中,妨碍地区积极性的发挥。第四次改革是从1964年开始,中心是再次向地区逐步下放管理权限。一些自治区直属的企业和原属兵团的企业陆续下放给地区管理。

党的十一届三中全会以后,在中央"调整、改革、整顿、提高"的方针指导下,自治区经济管理体制改革正在逐步展开,发展是健康的,成绩是很大的。表现在在农牧业方面普遍推行了各种生产责任制,从而调动了广大农牧民的劳动积极性,促进农牧业生产的连年增产。在工业企业方面,对各企业进行了扩大自主权的试点,主要是扩大经营自主权和资金使用的自主权,对大部分企业实行利润留成制度,对微利或亏损企业,实行利润或亏损包干,减亏增盈分成,改固定资产和流动资金的无偿使用为有偿使用,征收一定比例的使用费。通过推行各种形式的经济责任制,调整国家、企业和劳动者个人三者之间的关系,把经济责任和经济利益结合起来,克服"大锅饭""铁饭碗"的弊端。根据专业协作的原则,对管理体制进行了一些改革。在保证全民所有制经济占主导地位的前提下,支持和鼓励集体经济和个体经济的发展。在城市,主要是发展各种零售商业、饮食服务业、修理业以及建筑业、工业、运输业等。在农牧区,发展了社队企业、家庭副业,扩大了社员自留地和自留畜等。财政体制实行"分灶吃饭",全面实行利改税。流通领域,根据产品在经济和人民生活中的作用,分别采取统购统销、计划收购、订购、选购等形式,允许生产资料作为商品进入市场,进一步搞活了经济。根据多渠道、少环节、城乡通开的原则,对商业、供销的经济管理体制进行了改革试点,外贸和物资供销体制也进行了一些改革。对自治区级机关进行了机构改革,其中也包括对区级经济管理机构的改革,以克服机构重叠臃肿、人浮于事,提高工作效率。有些经济行政管理部门改为企业性的公司,从单纯行政管理办法转为经济办法和行政办法相结合,以经济办法为主来管理经济。

新疆市场的培育。新疆市场的发展为新疆市场经济的发展提供了物质保障,为打破狭隘的区域壁垒、形成统一的市场提供了合理的配置制度,是以计划经济为主要特征的旧经济体制在向新的市场经济体制转轨过程中取得的成果。自党的十一届三中全会以来,新疆的改革开放在不断深化,在观念和意识上,逐渐突破了传统理论的束缚,由排斥商品经济到牢固树立商品经济意识,大力促进和发展商品经济;由排斥市场到承认市场,并坚决采取以市场为取向的改革战略,在发展市场经济中取得突变性进展。市场经济中的三个机制开始建立和形成。价格机制、供求机制和竞争机制在市场中已发挥作用。随着价格形成机制的转换,价格制定走上以市场供求决定价格的轨道。价格的波动幅度、比重基本上与全国比重相一致,农副产品收购总额还略低于全国的比重。总之,在消费品和生产资料商品的价格形成中,新疆已基本上确立了市场机制的主导作用。近几年来,新疆在发展市场经济中,十分注重市场的法律法规建设,十分重视市场内在稳定秩序的整顿和建设,在防止和克服市场经济发育始初阶段的弊端,在制止和打击市场中的不法活动,在消除市场经济发展中存在的一些丑恶现象方面取得了良好效果,市场经济得到了健康的发展。自治区各级政府在职能转变中,通过给企业生产经营自主权、政企职责分开,政府从直接参与企业经营,变成了运用间接的宏观调控系统进行调节。在对市场宏观调节中,行政手段、法律手段和经济手段相互协调,共同在市场中发挥了调节作用。虽然宏观调控体系本身还不是十分完备和健全,但内在稳定的程序和机构却显示出它在市场建设中的硬度威力。

（二）新疆经济发展的主要成就

综观历史,新疆经济发展是在波动中前进的。"六五"期间,新疆生产总值年均增长率为13.6%;"七五"期间,新疆生产总值达260亿元,平均增长速度15.1%;"八五"期间,年均增长率为19.4%;1996~2000年为8.6%;2001~2006年为14.32%。[1]这五个时期的经济增长基本保持高位——平缓型发展,尤其是在1996年之后,在国家实行加强宏观调控,进行产业结构调整和优化的大背景下,新疆经济运行经过短期波动后,逐渐进入稳定增长的轨道。1980~2006年新疆生产总值年均增长12.27%,其中第一产业的增加值平均增长9.51%,第二、三产业增加值分别增长12.27%和14.25%,三次产业值比例关系由1981年的42.38∶37.29∶20.33调整为2006年的17.33∶47.91∶34.75。就业人员在1980~2006年增加305.41万人,其中第一产业增加59.96万人,第二、三产业分别增加36.16万人和209.28万人。[2]新疆产业结构的调整已经取得巨大成功,向产业结构高级化方向发展,但与国际相比,第三产业占新疆生产总值比重仍低于国际上63%的平均水平。

"十一五"末新疆经济实力显著增强,2010年,全区生产总值突破5000亿,同比增长10.6%;全社会固定资产投资3534亿元,同比增长

---

[1]数据来源:2011年《新疆统计年鉴》。
[2]数据来源:2011年《新疆统计年鉴》。

25%；全口径财政收入和地方财政一般预算收入分别突破1100亿元和500亿元；城镇居民人均收入增长11.3%，农村居民人均纯收入增长19.6%，增速居全国第一；全社会消费品零售总额1378亿元，同比增长17%；特色优势产业快速发展，"粮棉果畜"四大基地建设成效显著，农业综合生产能力大幅提升。2010年，粮食总产量1200万吨，创历史新高；棉花产量250万吨，棉农收益大幅度提升；林果业总面积突破1700万亩，果品产量超过800万吨。畜牧业稳步发展，成为农牧民增收的重要增长点，主要农作物良种覆盖率90%，农业综合机械化率80%，设施农业面积100万亩。[1]

2010年，原油及天然气产量居全国第一位，已成为我国重要的石油天然气生产和石油化工基地；煤炭产量居全国前列，煤气层探明、开发储量达到5亿立方米；特色旅游业不断发展壮大，2010年新疆接待国内旅游者3000万人次，国内旅游收入280亿元，接待国际旅游者106万人次，创汇3.7亿美元；基础设施和生态建设取得重大进展，围绕重大控制性水利枢纽、重点流域开发和治理项目，建成了一批具有全局意义的重点水利工程。交通建设进入历史上发展最快的时期，以兰新铁路第二双线为标志的一大批重点项目相继开工建设或建成投产，综合交通运输体系建设取得了显著成就。到2010年底，公路通车里程达15.07万公里，其中高速公路和一级公路达2097公里，二级公路近8000公里；铁路营运里程达到3180多公里；民航通航里程达到15.18万公里，是全国拥有机场最多、航线最长的省区。

全区发电装机容量达1213万千瓦，发电量达571亿千瓦小时，以新疆与西北电网联网工程、疆内750千伏电网为标志的一大批电力项目开工建设，实现了新疆电力建设的新跨越。

改革开放成效显著，农村综合改革力度不断加大，粮棉流通体制改革进展顺利；深化国有企业改革，大力促进非公有制经济发展，经济发展活力不断增强，非公有制经济创造的GDP所占比重达到20%以上，上缴税

---

[1] 数据来源：2011年《新疆统计年鉴》。

收占全部税收的30%;行政管理体制改革稳步推进,行政审批事项大幅度减少;金融、财税、医疗、社会保障和科技、教育、文化、卫生、体育等各项改革进一步深化,经济领域和社会领域的改革协调推进;向西开放步伐进一步加快,对外贸易规模不断扩大,经济技术合作层次和水平不断提高,全方位、多层次、宽领域的开放格局进一步巩固。

2010年,外贸进出口总额预计达171.3亿美元,同比增长23.9%,年实际利用外资2.4亿美元,同比增长11.3%;各项社会事业蓬勃发展,"两基"工作顺利通过国家验收,"普九"人口覆盖率达到99.8%;初中学龄少年入学率达95.6%,主要劳动年龄人口平均受教育年限达到9年;"双语"教育进一步普及,少数民族教学质量不断提高。

公共卫生和医疗服务体系进一步完善,建立健全了三级医疗卫生体系;人口管理工作稳步推进,年均人口自然增长率控制在11‰以内。文化事业蓬勃发展,"西新工程""村村通工程""东风工程"、农村电影放映工程和广播电视进万家等工程建设取得显著成效;各族人民生活水平不断提高,坚持民生优先,着力解决各族群众最直接、最关心、最紧迫的问题。

大力实施安居富民、定居兴牧工程,加快棚户区改造,采取24小时动态清零措施,近4万户"零就业"家庭至少一人就业。30万"五七工""家属工"纳入基本养老保险。新型农村养老保险已经覆盖全疆。新农合覆盖农牧业人口1034万,参合率98.6%。提高城乡居民最低生活保障水平,增加了农村"四老"人员、村干部、企业职工及离退休人员、机关事业单位干部职工的收入。2010年新疆用于民生的支出突破1000亿元,达到1198亿元,超过了全口径财政收入,占到一般预算支出的71%。

新疆维吾尔自治区政府主席努尔·白克力向大会做政府工作报告时指出,2011年是"十二五"开局之年,是新一轮对口援疆工作全面实施之年,也是推进新疆跨越式发展和长治久安的关键之年。新疆经济实力不断增强,实现了速度和效益的协调统一。

预计2011年新疆全区生产总值完成6600亿元,增长12%;全社会固定资产投资完成 4700 亿元，增长 33%；社会消费品零售总额 1556 亿元，增长 17.5%；外贸进出口总额 217 亿美元，增长 26.6%；全口径财政收入 1646.2 亿元，增长 38.2%；地方财政一般预算收入 720.9 亿元，增长 44%；地方财政一般预算支出 2282.7 亿元，增长 34.4%；城镇居民人均可支配收入 15500 元，农民人均纯收入 5432 元，分别增长 13.6% 和 17%。主要经济指标增速实现历史性突破，比 2005 年翻一番。[1]

第四节 新疆的历史文化

新疆不仅是中西交通的必经之地，还是草原民族与农业民族的交界地带。几千年来，形形色色不同背景的部落、种族和民族在这里生息繁衍，交往冲突。

旧有的民族相继地战败、灭亡、徙出，新的民族不断地产生、壮大、迁入。战败灭亡的并没有消失，他们多融合进了新来的民族里。徙出的民族也往往在新疆永恒的山川上，在后来的民族中留下了自己的痕迹。南来北往的民族不断地在这里聚合分散，没有哪个民族能长久地保持不变，也没有哪个民族能一直居于垄断。

新疆就像一座巨大的熔炉，几千年来，它陆续把各种不同的种族、民族及它们所带来的文化熔铸于一炉，使这里的人文面貌不断变换着色彩。

在漫长的历史长河中，古代的塞人、粟特人、古和田人、羌人、龟兹人、乌孙人的文化融进了今天的维吾尔人、哈萨克人、柯尔克孜人、蒙古人、塔吉克人的文化中，同时各民族在自己的形成过程中，也都大量地吸收融合了包括汉族在内的其他民族的文化，互相影响，互相渗透，形成你中有我，我中有你的局面，为创造统一的新疆文化打下了良好的基础。

---

[1] 吴卓胜：《新疆 2011 年全区生产总值完成 6600 亿元》，中国广播网 [EB/OL]（2012-1-10）[2012-11-23]（http://www.chinanews.com/gn/2012/01-10/3594217.shtml.）。

一、新疆民族渊源深厚

(一) 汉朝

新疆居民的族属,从汉代(前206~220)开始才有明确的记载,当时主要有塞人、月氏人、乌孙人、羌人、匈奴人和汉人。[1]

塞人,是文史典籍中记载的新疆有中国特色的第一个古代民族。《汉书》中称"塞种",《杂阿含经》称"释迦",罗马称"塞克",印度和波斯称"斯基泰"或"萨迦",属欧洲人种。他们主要活动于伊犁河流域及锡尔河以北的广大地区,在天山东部的山谷中也有他们的遗迹。汉文帝初年,大月氏人受匈奴攻击,转而攻击塞人所在地,塞人被迫南迁。其中一部分越过葱岭(今帕米尔高原),征服罽宾(今克什米尔),最后进入印度;一部分南下迁入塔里木盆地边缘绿洲,建立尉头、疏勒、莎车、休循、于阗等城郭。

月氏,在我国先秦典籍中也称作"禺知""禺氏",《史记》《两汉书》中称作"月氏"。秦汉之际,月氏游牧于今河西走廊东部、甘肃西北部和宁夏西南部。月氏强盛时期,常常欺负匈奴。匈奴著名单于冒顿少时就曾作为人质被扣押月氏。月氏还攻击过近邻乌孙,杀其王难兜靡,占据祁连山北麓。汉文帝三年,匈奴攻破月氏,迫使大部分月氏人西迁至伊犁河流域,逐走塞人而居其地,因而被称为"大月氏"。后匈奴联合乌孙再次攻击月氏,并击杀月氏王,其余众再迁至大夏(今阿姆河上游地区与兴都库什山地区),逐渐控制了跨阿姆河两岸的大夏国土地。月氏西迁时,有部分月氏人留在了河西地区,被称作"小月氏",后融合到了当地其他民族中。

乌孙,最初活动于河西走廊西部,是月氏旁边的小国。约在汉文帝初年(前179),乌孙受月氏的攻击,乌孙昆弥(王)难兜靡被杀,部众逃亡匈奴。当时,乌孙王子猎骄靡尚在襁褓中,也被匈奴单于收养下来。乌孙王子长大后,率所属部众为匈奴守边。西汉建元元年(前140)左右,

---

[1] 中华人民共和国国务院新闻办公室:《新疆的历史与发展》,中国网[EB/OL](2003-05-26)[2012/11/23](http://www.china.com.cn/chinese/2003/May/336130.htm)。

匈奴与乌孙西击大月氏，大月氏溃败，被迫再次西迁，乌孙占领伊犁河流域。张骞出使西域后，乌孙与汉朝结盟。汉武帝先后以宗室女细君公主、解忧公主嫁乌孙昆弥。

羌，是我国古老的民族，传说中的炎帝也是羌族的先祖。羌人最初活动于姜水（今陕西岐山东），后一部分向东迁徙，较早地融为华夏族，即后来的汉族；一部分留存原地或向今甘、青、藏、川、宁夏部分迁徙。东周战国秦献公时（前384～前362），由于秦的势力向西发展，迫使一部分羌人部落"出赐支河曲西数千里，与众羌绝元，不复交通"（《后汉书·西域传》）。这部分羌人可能由河湟一带，经阿尔金山进入塔里木盆地南缘。羌人部落分散，不相统一，各有酋长。新疆的这些羌人最后融合到其他民族之中。

匈奴，中国北方的古代民族，举起于战国时期，强盛于秦末汉初。初叫"荤粥"，秦汉时才称匈奴，为游牧民族。秦二世元年（前209），头曼单于的儿子冒顿射杀其父，自立为单于，遂东灭东胡，西击月氏，南并楼烦，控制了东到现在的陕西，西到河西走廊和新疆，北抵漠北，南据河套的广大地区。西汉初年，匈奴经常侵扰汉朝边境，掠夺财物和人口。当时，汉朝经济尚未恢复，内部政局也不稳定，故对匈奴采取"和亲"政策。汉武帝即位后，实行"断匈奴右臂"的战略，两次派遣张骞出使西域，与西域各国建立联系。在控制了河西走廊后，汉朝加紧与匈奴争夺西域，双方斗争达40余年。公元前60年，匈奴统治内部发生分裂，管理匈奴西部地区的日逐王先贤掸率众归属汉朝。之后，汉宣帝任命郑吉为都护，设立西域都护府，治乌垒城（今轮台县），统辖西域诸国。自此，新疆正式划入汉朝的版图，开始成为中国统一的多民族国家领土不可分割的一部分。

汉，汉代以前及西汉时期，人们称在西域的汉人为"秦人"，是因为在黄河上游有一个秦国的缘故。古代印度称中国为"秦尼""支那"。早在秦国时期中国与南亚就有联络，那时就有不少内地的居民来到西域。特别是在公元前60年，来西域的汉人主要是戍边的官吏、屯田的士卒、商人、部分刑行徒及其家人等。自西汉太初四年（前101）起，汉朝就在轮台、尉犁一带屯田，后来扩大到西域各地。公元前137年张骞通使西域后，汉朝逐渐控制了天山南北。从此以后，来西域驻守、屯田、经商和出使的汉族军人、农民、商人和使者就大量涌进了新疆。至汉朝末年，汉人已经形成遍布西域各地的大分散和各屯田点小集中的分布格局。

（二）魏晋南北朝时期

这一时期是我国民族大融合时期，各民族迁徙往来频繁。除原有的民族外，新疆地区又增添了一些新的古代民族。[1]

到了公元2世纪，鲜卑打败匈奴进入天山北麓。5世纪初，雄峙于漠北的柔然族大举西进，控制了整个新疆。柔然源于东湖，意为"勇敢的斗士"，又称"蠕蠕""芮芮""茹茹"等。始祖木骨闾，原为鲜卑拓跋部贵族的奴隶，后逃亡依附纥突邻部。其子车鹿会开始拥有部众，遂自号"柔然"。公元470年前后，柔然征疏勒（今喀什）、龟兹，进攻于阗，控制西域大部分地区。5世纪末，柔然衰落，来自青海的吐谷（音：玉）浑也于此时进占了新疆东南部。同时，丁零人中的突厥部崛起于准噶尔盆地东部。到9世纪中叶，突厥骑兵击灭柔然汗国并取而代之，控制了全部蒙古草原和天山南北。

高车是北朝时期人们对漠北一部分游牧部落的泛称，南朝人称之为"丁零"，漠北人又称其为"敕勒"，为赤狄族的后裔。高车、丁零、敕勒，以及先秦时期的狄历和后来的铁勒，都是人们在不同时期对操阿尔泰语系突厥语族诸民族的统称。6世纪初，高车东边有柔然的进攻，西边又面临嚈哒的威胁，处于"主丧民离，不绝如线"的境地。北魏正始四年（507），高车王弥俄突称臣嚈哒，同时又与北魏保持联系。东魏兴和三年（541），高车终为柔然所灭。穷奇的孙子去宾及部分部众逃奔东魏，魏封去宾为"高车王，拜安北将军、肆州刺史"，余众又为柔然所统治。

---

[1]新疆维吾尔自治区党委宣传部：《魏晋南北朝时期新疆的古代民族》，新疆青少年出版社,2010版,第75页。

嚈哒，北朝人又称滑（音同骨）国、悒怛等，有人认为其源出汉代的车师后部，也有人认为其是乞伏鲜卑的一支，还有人认为其源出康居、匈奴等。5世纪中叶，嚈哒向南攻入大月氏，建立嚈哒国，定都拔底延城（在今阿富汗北部的巴尔赫）。此后，嚈哒东侵葱岭各地，攻击焉耆、龟兹、疏勒、姑墨、于阗，并与高车发生激烈冲突。6世纪中叶，嚈哒国势衰，为突厥和波斯所灭。

吐谷浑源于鲜卑，本为人名。公元4世纪初，从辽东慕容鲜卑中分离出来，西迁至今甘肃临夏西北，不久向南、向西发展，逐渐控制了今甘南、四川西北和青海等地的氐、羌等民族。到吐谷浑的孙子延为部落首领时，建立政权，遂以其祖父名为国号和族名。鼎盛时，其势力达今四川西部和新疆部分地区。

北魏太平真君六年（445），吐谷浑内乱，首领慕利延被北魏打败西逃，经鄯善、且末，进攻于阗。后慕利延返回青海，然已有部分吐谷浑滞留西域。随后，柔然、高车、嚈哒在西域展了激烈争夺。

（三）隋唐时期

突厥、吐蕃等古代民族对新疆历史进程产生了重要影响。[1]突厥是公元6世纪到8世纪活跃于中国西北和北方草原的古代游牧民族。公元552年突厥首领土门打败柔然，以漠北（蒙古高原大沙漠以北地区）为中心建立政权，而后分裂为东西两部，为争夺汗权争斗不休。8世纪中叶，东、西突厥汗国相继灭亡，其后裔融入了其他民族之中。吐蕃是藏族的祖先，6世纪末兴起于青藏高原，占领青海后，开始与唐朝争夺西域。公元755年，中原地区爆发"安史之乱"（唐代安禄山、史思明发动的叛乱），大批驻守西域的唐军调往内地，吐蕃乘机占领南疆及北疆部分地区。

公元840年，大批回鹘人进入新疆。回鹘，原称回纥，是铁勒（中国古族名）诸部之一，最初活动于色楞格河和鄂尔浑河流域，后迁居土拉河北。

---

[1] 中华人民共和国国务院新闻办公室：《新疆的历史与发展》，中国网[EB/OL]（2003—05—26）[2012/11/23]（http://www.china.com.cn/chinese/2003/May/336130.htm）。

公元744年，发展壮大了的回鹘于漠北建立政权，并两次出兵帮助唐朝中央政权平息"安史之乱"。公元840年，回鹘汗国因自然灾害侵袭、统治集团内讧及黠戛斯（中国古族名）的进攻等原因而崩溃，其部众大部分向西迁徙。其中一支迁往今吉木萨尔和吐鲁番地区，后建立高昌回鹘王国；还有一支迁往中亚草原，分布在中亚至喀什一带，与葛逻禄、样磨等民族一起建立了喀喇汗王朝。自此，塔里木盆地周围地区受高昌回鹘王国和喀喇汗王朝统治，当地的居民和西迁后的回鹘互相融合，这就为后来维吾尔族的形成奠定了基础。

（四）宋朝以后

1124年，辽国（916～1125）皇族耶律大石率众西迁，征服新疆地区，建立西辽政权，一批契丹人（中国古族名）由此进入新疆。1206年，成吉思汗统一了蒙古草原上的各游牧部落，建立起强大的汗国并开始向西扩张。到了1218年，成吉思汗灭亡了西辽，今新疆和整个中亚地区都归入蒙古大汗国的版图。回鹘人进一步同化、融合了部分契丹人、蒙古人。瓦剌，是明朝（1368～1644）对漠西蒙古的总称，初分布于叶尼塞河上游地区，后不断向额尔齐斯河中游、伊犁河流域扩展。17世纪初，逐渐形成了准噶尔、杜尔伯特、和硕特、土尔扈特四部。17世纪70年代，准噶尔占据伊犁河流域，成为四部之主，并统治南疆。18世纪60年代以后，清朝（1644～1911）政府为进一步加强新疆边防，从东北陆续抽调满、锡伯、索伦（达斡尔）等族官兵驻防新疆，他们成为新疆少数民族中的新成员。以后，又有俄罗斯、塔塔尔等民族移居新疆。至19世纪末，新疆已有维吾尔族、汉族、哈萨克族、蒙古族、回族、柯尔克孜族、满族、锡伯族、塔吉克族、达斡尔族、乌孜别克族、塔塔尔族、俄罗斯族共13个民族，以维吾尔族为主体，形成了新的多民族聚居分布格局。

二、新疆宗教关系复杂

新疆自古以来就是一个多种宗教并存的地区。早在伊斯兰教传入前，祆教（俗称拜火教）、佛教、道教、摩尼教、景教等多种宗教，就相继沿着丝绸之路传播到新疆，与当地土生土长的原始宗教一起在各地流传。[1]

伊斯兰教传入后，新疆不仅继续维持了多种宗教并存的局面，而且又有基督教、天主教等宗教传入。

在外来宗教传入以前，新疆的古代居民信仰本地土生土长的原始宗教及由原始宗教发展而成的萨满教（至今新疆的一些少数民族都还程度不同地保留着原始宗教和萨满教的观念及遗俗）。

公元前4世纪前后，产生于古代波斯的祆教（俗称拜火教）经中亚传入新疆。南北朝至隋唐时期，祆教流行于新疆各地，吐鲁番地区尤为盛行。当时的高昌政权专门设置了机构和官员来加强对祆教的管理。新疆一些信仰伊斯兰教的民族历史上曾信仰过祆教。

公元前1世纪前后，产生于印度的佛教经克什米尔传入新疆。不久，佛教就在各地统治者的大力推行下，发展成为新疆的主要宗教。佛教鼎盛时期，在塔里木盆地周缘各绿洲，佛寺林立，僧尼众多，还形成了于阗、疏勒、龟兹、高昌等著名的佛教中心。新疆佛教在造像、绘画、音乐、舞蹈、寺院和石窟建筑艺术等方面，都达到了很高的水平，留下了大量珍贵的文化遗产，丰富了中国和世界文化艺术宝库。

公元5世纪左右，中国内地盛行的道教随着汉人的不断到来也传入新疆。但是传播范围不广，主要盛行于汉人比较集中的吐鲁番、哈密等地。直到清代，道教才传播到全疆各地。

公元6世纪前后，摩尼教由波斯经中亚传入新疆。公元9世纪中叶，以摩尼教为国教的回鹘西迁新疆后，促进了摩尼教在新疆的发展。信仰摩尼教的回鹘人在吐鲁番地区建造寺院，开凿洞窟，翻译经典，绘制壁画，

---

[1] 马品彦：《简明新疆宗教史》，新疆人民出版社，2009版，第5页。

弘扬摩尼教教义和文化。

在摩尼教传入前后，景教（基督教的早期派别聂斯脱利派）也传入了新疆，但早期传播不够广泛。直到元朝（1206～1368）时，才因为大量回鹘人接受景教而兴盛起来。

公元9世纪末10世纪初，伊斯兰教经中亚传入新疆南部地区。10世纪中叶，信仰伊斯兰教的喀喇汗王朝发动了对于阗佛教王国历时40余年的宗教战争，于11世纪初灭亡于阗，把伊斯兰教推行到和田地区。14世纪中叶起，在察合台汗国的强制推行下，伊斯兰教逐渐成为察合台汗国的蒙古人、维吾尔人、哈萨克人、柯尔克孜人、塔吉克人等信仰的主要宗教。16世纪初，伊斯兰教最终取代佛教成为新疆的主要宗教。

伊斯兰教成为维吾尔等民族信仰的主要宗教后，这些民族原来信仰的祆教、摩尼教、景教在新疆随之逐渐消失，但佛教、道教仍然存在。从明朝起，藏传佛教有了重大发展，成为与伊斯兰教并列的新疆两大主要宗教。

17世纪后期，伊斯兰教白山派首领阿帕克和卓借助藏传佛教的力量，消灭了自己的政敌黑山派和卓势力，并灭亡了叶尔羌汗国，足见当时藏传佛教势力之大。大约从18世纪起，基督教、天主教相继传入新疆，佛教、道教和萨满教也有了较大发展。这些宗教的寺院、教堂遍布天山南北，有些穆斯林甚至改信了基督教等其他宗教。

历史上，新疆的宗教虽然一直在不断演变，但外来宗教传入以来所形成的多种宗教并存的格局却一直保持下来。现在新疆主要有伊斯兰教、佛教（包括藏传佛教）、基督教、天主教、道教等，萨满教在一些民族中仍然有较大影响。

三、各种矛盾交织汇聚

清代是我国统一的多民族国家空前巩固和发展的时期。18世纪中叶，清朝先后平定了准噶尔贵族和大、小和卓的叛乱，统一了新疆，并采取了一系列卓有成效的治理措施，这对于我国西北疆域的最后界定，新疆各主要民族及其分布格局的形成，以及新疆各民族之间、新疆与中原之间的政治、经济、文化联系与交流，产生了深远的影响。清乾隆二十四年（1759）后，改称西域为"新疆"或"西域新疆"，清政府开始在新疆各地置官立府，行使中央政府对天山南北各地的管辖治理。新疆与内地的军政体制基本一致，国家的统一局面得到进一步加强。

1840年是中国近代社会的重要分界，鸦片战争以后，新疆和祖国其他地区一样，逐渐沦为半封建半殖民地社会。新疆各族人民反对外国入侵，反对分裂以及反对封建剥削压迫的斗争任务更为繁重。第一次鸦片战争以后，大清王朝日益衰弱，中国领土主权遭到帝国主义的践踏。位处祖国西北边陲的新疆更深受沙俄侵吞之害。沙皇俄国在完成对西伯利亚的扩张之后，开始蚕食侵占我国领土。1851~1860年，沙俄迫使清政府签订丧权辱国的《中俄北京条约》《中俄勘分西北界约记》和《中俄伊犁塔尔巴哈台通商章程》。

由于清朝衰落，就连毗邻新疆的浩罕小国都有伺机吞并我国领土的野心。一些反动和卓打着"圣战"的旗号，攻城略地，无恶不作，给新疆人民带来沉重灾难。沙俄又借口伊犁农民起义和阿古柏势力威胁到我国安全，打着保护和代守的旗号，公然出兵占领伊犁。新疆面临外国瓜分侵占的危险。清政府在经过一场所谓"海防和塞防之争"的争论之后，西北防务重新得到清统治者的关注和重视。光绪元年（1875），陕甘总督左宗棠受令以钦差大臣身份督办新疆军务。至光绪三年底，清军已陆续收复天山南部诸地，阿古柏的侵略政权覆没。

清光绪七年二月，清政府使臣曾纪泽（曾国藩之子）经过与沙俄艰苦的谈判，几经周折，双方签订《中俄伊犁条约》，条约议定次年沙俄军队撤出伊犁，中国以赔款和允许俄商在新疆贸易不纳税，俄国在嘉峪关和吐鲁番设领事作为代价。1882年，伊犁终于回到祖国的怀抱。

清光绪十年（1884），清政府发布新疆建省上谕，刘锦棠被任命为首任新疆巡抚。将迪化直隶州升为府，新疆军政中心由伊犁移到乌鲁木齐。实行以军府制为主体的多元性行政管理体制到单一郡县制的转换，使新疆行政建制与内地趋于一致。清朝对新疆的经营，无论是规模还是范围皆远胜以前历代，社会经济得到前所未有的进步和发展。

进入20世纪后，清王朝已是穷途末路，资产阶级革命运动日益高涨。革命党人的足迹也踏上新疆的土地。1911年10月武昌起义不久，新疆革命党人刘先俊等人计划在迪化城策动起义，因叛徒出卖而失败。翌年，以杨缵绪、冯特民、李辅黄为首的革命党人在伊犁起义成功，宣告清朝在伊犁反动统治的结束。

之后因清朝宣统皇帝退位，袁世凯命杨增新为新疆都督，杨增新采用软硬兼施的手段，迫使革命党人妥协，资产阶级领导的伊犁起义失败。杨增新窃取伊犁起义成果，担任新疆都督后，实行专制独裁统治，制造民族不合，推行愚民政策，镇压不同意见，遭到社会各界的反对，在统治新疆17年后，终于死于统治集团内讧。

1928年，愚昧不堪的金树仁继任新疆都督，社会动乱进一步加深。1933年年末，金树仁被迫出逃。阴险狡诈的封建军阀盛世才接任都督，开始了他长达10年之久的反动统治。

1933年是新疆的多事之秋。11月12日，"泛突厥主义分子"穆罕默德·伊敏在英国的支持下，宣布成立"东突厥斯坦独立伊斯兰共和国"，妄图分裂祖国，破坏国家统一，但由于人心向背，不足三个月就覆灭了。盛世才是一个典型的反动政客，摆出一副积极治理新疆的虚伪面孔，积极发展同苏联的联系，妄图利用苏联人的支持保持自己"新疆王"的独裁地位。在一些进步青年的影响和苏联的帮助下，盛世才于1936年形成"反帝、亲苏、民平、清廉、和平、建设"的"六大政策"。1937年，卢沟桥事变后，中国共产党为了团结一切力量共同抗日，同盛世才结成抗日民族统一战线。1937年10月，盛世才同意我党在迪化成立八路军办事处，滕代远任主任。随后，党中央派遣了100多位党员来疆工作。中国共产党人在新疆工作取得的成就使盛世才十分不安,他于1939年有意制造摩擦,冷淡关系。

1941年德国法西斯发动侵苏战争,盛世才错误估计形势,公开与苏联、中共彻底决裂,制造所谓"四一二阴谋暴动案"捕杀中共党员,残酷杀害陈潭秋、毛泽民、林基路等中共党员,抛弃"六大政策",投向国民党蒋介石。新疆沦入国民党反动统治之下,各族人民生活日益恶化,阶级矛盾、民族矛盾更加尖锐。

政治局势的恶化孕育了"三区革命风暴"。三区革命是在国内外形势影响下,在苏联的支持和进步知识分子领导下的新疆各族人民反对盛世才和国民党反动统治的民族解放运动。1943年3月,国民党政府发布命令,要求各族人民捐献1万匹军马,交不出就按高出市场价格一倍的马价交现金。1944年8月,尼勒克县牧民首先发动反对"献马运动"的武装起义。9月爆发了伊犁、塔城、阿勒泰的"三区革命",并于11月12日,成立"东突厥斯坦共和国"临时政府。

1945年初,革命军打败国民党。同年,三区民族军正式成立。1945年8月14日,日本宣布无条件投降,同一天《中苏友好同盟条约》在莫斯科签字。国内外和平的呼声越来越强烈,蒋介石派张治中到新疆同三区革命政府进行和平谈判。

1946年1月,双方签订11项和平条款,根据条款规定,改组新疆省政府,成立由三区革命代表、七区代表和国民党中央代表共同组成的新疆省联合政府,张治中任新疆省联合政府主席,阿合买提江、包尔汉任副主席,阿巴索夫任副秘书长。纠正三区革命初期的一系列错误,抛弃了"东突厥斯坦"的旗号,团结新疆各族人民,使革命走上正确轨道。

1946年,国民党反动派发动内战,破坏和平,导致新疆省联合政府破裂。然而,国民党反动派悍然发动内战,并不能阻挡中国人民推翻三座大山的历史步伐。1949年,人民解放军已解放了全国大部分地区,国民党政权土崩瓦解。1949年秋,党中央派遣邓力群到伊犁与三区革命政府联系,三区革命政府踊跃响应。1949年9月,新疆警备司令陶峙岳、新疆省政府主席包尔汉分别通电起义，新疆宣告和平解放。接着王震将军率领中国人民解放军第一野战军第一兵团进驻新疆。

1949年10月1日，新疆各族人民同全国人民一起，迎来了中华人民共和国的成立。"中国的历史，从此开辟了一个新时代。"

第五节 "东突厥斯坦"的分裂行径与新疆人民的反分裂斗争

为了分裂新疆，境内外各种恐怖组织多方勾结配合，在新疆留下了一桩桩血淋淋的罪行。同时，新疆人民的反分裂斗争也一刻没有停止过，反分裂决心和信心也通过严厉打击各种犯罪活动体现出来，并取得了丰硕的成果。但分裂组织背景的复杂性、分裂活动的残酷性、分裂经费的充足性、反分裂形势的严峻性，一再提醒我们，这项斗争在一定时期内可能会长期存在。

一、新疆的泛伊斯兰主义、伊斯兰原教旨主义和泛突厥主义的由来

论及中亚地区的民族和宗教问题，势必要了解泛伊斯兰主义、伊斯兰原教旨主义和泛突厥主义。苏联解体后，这三股来自国际影响的潮流或政治运动在中亚地区有所蔓延，备受世人瞩目。但从近几年的实际情况看，作为政治运动的泛伊斯兰主义、伊斯兰原教旨主义和泛突厥主义，既没有经济实力做后盾，又分别遭到西方和俄罗斯的猜疑与抵制，在中亚尚未造成很大危害。

泛伊斯兰主义是近现代伊斯兰社会思潮之一，产生于19世纪末期的西亚，20世纪初影响到中亚。[1] 它的倡导者是哲马鲁丁·阿富汗尼（1838

---

[1] 罗捷：《论泛伊斯兰主义在中亚的发展》，载《云南行政学院学报》，2002年第1期，第69—71页。

或 1839～1897）。阿富汗尼生于阿富汗喀布尔附近艾萨巴达城的一个有势力的家族，精通阿拉伯语及伊斯兰各学科。19 世纪下半叶，用现代科学技术武装起来的西方基督教国家加紧了对伊斯兰国家的政治、经济、军事和文化侵略。阿富汗尼从保卫伊斯兰教的立场出发，呼吁东方各国的穆斯林团结起来，共同抵制英帝国主义的侵略。阿富汗尼既受到瓦哈布复古主义的影响，又受到西方新思想的影响，其泛伊斯兰主义的主要内容是：政治方面主张全世界穆斯林不分民族，拥戴一位共同的哈里发，在伊斯兰教法的基础上，建立起一个超国家、超民族、超地域的统一的伊斯兰大帝国；宗教方面主张有指导地进行改革，调和宗教和科学的对立，既主张伊斯兰教应成为国民教育的第一课题，宗教法官和教师在伊斯兰社会中应占有特殊地位，又赞成学习西方先进的科学文化；在哲学思想方面，坚决反对无神论和唯物论，提倡通过纯化宗教，用理智巩固信仰并对群众严加管教等几种途径去获得"现社会幸福生活"，不同意对现世的悲观主义论调。早期的泛伊斯兰主义虽然具有反殖民主义的色彩，但阿富汗尼把宗教复兴和社会改革的希望寄托在封建统治势力身上，就使得他的泛伊斯兰运动注定要失败。

20 世纪 60 年代后期，泛伊斯兰主义的势头又重新出现在伊斯兰世界。但这时的泛伊斯兰主义在形式和内容上都有所变化。它具有多中心的特征，不再要求恢复哈里发制度和建立统一的伊斯兰大帝国，而主张伊斯兰各国应在政治、经济、文化、科学、教育等各个领域进行全面而广泛的团结与合作；不再提出狭隘的反对基督教的主张，而是开始与其他宗教开展对话活动；希望通过宗教力量进一步团结全世界穆斯林，反对外来势力对伊斯兰世界的干涉和控制。为了区别原来的那种泛伊斯兰运动，这一新趋势被称为新泛伊斯兰主义。60 年代后期新泛伊斯兰主义的兴起，反映了穆斯林群众对二次世界大战后流行于伊斯兰世界的世俗意识形态的不满和怀疑，以及他们自我意识的加强。

原教旨主义是伊斯兰世界的新思潮,又称伊斯兰复古主义。[1]伊斯兰原教旨主义既是一种宗教上的主张,又是一场持续时间久、波及面广的社会运动,是一场旨在恢复伊斯兰初创时期的基本思想和实践的运动。它认为,当代伊斯兰世界存在着的贫困落后、分裂混乱以及遭受侵略的主要原因是背离了早期的伊斯兰精神,受到非伊斯兰思想影响。因而使国家的政治、经济和社会生活伊斯兰化,并最大程度地保证伊斯兰原始教义的纯洁性,就成为伊斯兰原教旨主义所有主张的核心。原教旨主义中的激进派认为和平宣教只能削弱穆斯林的战斗意志,主张恢复早期的"圣战"制度,不仅要对异教徒和无神论进行宣战,而且还要对他们认为与异教徒勾结的伊斯兰国家统治集团实行"圣战",他们宣称,由于异教徒已深入到伊斯兰内部,"圣战"已由集体义务发展到个人义务。在这种思潮的影响下,近年来在"圣战"名义下进行的恐怖事件在世界各地层出不穷。原教旨主义者的"圣战"概念有悖于古兰经训,他们的偏激行为为热爱生活、热爱和平的中亚广大穆斯林所反对。

苏联解体前后,中亚地区伊斯兰教的影响迅速扩大,泛伊斯兰主义广为传播,伊斯兰原教旨主义的势力也随之发展,其中以塔吉克斯坦最为突出。但如前所述,一方面在20世纪70年代苏维埃时期,伊斯兰宗教思想意识在中亚地区已大大淡化,中亚地区穆斯林又大多属于逊尼派,与伊朗的什叶派有明显的区别,对伊朗式的激进的原教旨主义有所抵制。另一方面,中亚五国现政府都主张政教分离,禁止宗教参政。同时,西方国家和俄罗斯都不希望在中亚地区出现强大的与之相抗衡的伊斯兰政治力量,他们对泛伊斯兰主义和伊斯兰原教旨主义在中亚的扩张都有所戒备,支持中亚各国政府采取各种措施遏制宗教狂热。虽然中亚地区经济状况仍在恶化,处于贫困化的穆斯林容易为原教旨主义所吸引,但从全局和整体看,泛伊斯兰主义和伊斯兰原教旨主义尚不足以危及除塔吉克斯坦外的中亚其他四

---

[1]吴云贵:《伊斯兰原教旨主义与当代国际政治》,中国宗教学术网[EB/OL](2011-7-8)[2012-11-23](http://iwr.cass.cn/zjyzz/201107/t20110708_7301.htm)。

国现政府。政教合一体制在中亚历史上都没能取得成功，在今天就更难了。

与泛伊斯兰主义相比，泛突厥主义在中亚五国中具有更强的势头。哈萨克斯坦、乌兹别克斯坦、吉尔吉斯斯坦和土库曼斯坦的主体民族都使用突厥语，长期受到突厥文化的熏陶，泛突厥主义在这个地区有较深的影响。同时泛突厥主义又得到西方大国的支持，西方大国企图以泛突厥主义把中亚突厥语系的穆斯林国家引向非宗教的面向西方的土耳其模式，从而抵制伊斯兰原教旨主义的推进。

泛伊斯兰主义被称为宗教民族主义，泛突厥主义则被称为种族民族主义。为了正确认识泛突厥主义对中亚的影响，我们有必要了解突厥人是何时来到中亚的。突厥人最初是活动在中国西北部的一个游牧民族，来到中亚是比较晚的。现存最早的有关突厥人历史记录的实物见证，是8世纪用突厥语写的鄂尔浑铭，它是在19世纪被发现和解读的。这是突厥人自己写自己历史的第一块碑文。根据碑文，并结合中国史籍记载，我们可以确知，公元552年突厥土门可汗发兵灭亡柔然，自称伊利可汗，是突厥建立汗国之始。到了6世纪60年代，突厥势力大盛。其疆域最大时，东边起自辽河，西边直达里海，北边越过了贝加尔湖，南边到阿姆河之南，成了衔接"三海一漠"的北方唯一强国。当时正值中国的南北朝分裂，北朝又是北齐、北周对立，他们争相向突厥讨好，各送重贿，以求援助，更使突厥坐大。隋文帝统一中国后，采纳了曾经在突厥住过并了解其情况的长孙晟的建议，对突厥采取远交近攻、各个击破的策略，收到实效。唐朝开国后，先于公元630年灭了东突厥，后于公元659年灭西突厥，使中亚纳入唐帝国版图。

公元8世纪后阿拉伯阿拔斯王朝的势力通过伊朗逐渐向东扩展，中亚落入阿拉伯势力范围。以后随着阿拔斯王朝势力的衰微，中亚土著的各民族陆续在各地建立起一些小王朝。到11世纪，北面的哈拉汗王朝、南面的哥疾宁王朝与西南面的赛尔柱王朝这3个由突厥族建立的王朝统治了中亚。正是经过这一时期，当地居民逐渐为突厥人所同化，突厥语成了通用的语言,而突厥人也皈依了伊斯兰教,这样就使得中亚地区在语言、宗教、文化、风俗习惯等方面逐渐趋于一致。从中亚的历史演变可以知道,中亚地区操突厥语的并非都是同一民族;而中亚地区现今形成的诸民族,是许多部落、部族、民族经过长期的历史演变、融合、同化而最终形成的,并非都是突厥人。

泛突厥主义是起始于19世纪末、20世纪初的一个政治运动,其目的在于将奥斯曼帝国、俄国、中国、伊朗和阿富汗境内所有使用突厥语的诸民族联合到一起,宣扬使用突厥语的各民族皆属同一民族,应归土耳其统治。[1]土耳其地主资产阶级集团企图重建奥斯曼帝国的这一反动思潮在第一次世界大战前后曾广泛流传,第二次世界大战期间亦为法西斯主义所利用。当前泛突厥主义虽已与历史上奥斯曼帝国时代的泛突厥主义有区别,具有其新的历史条件下新的内容,但土耳其仍竭力利用泛突厥主义扩大其国际影响,力图成为突厥语系各国领袖。土耳其所支持的泛突厥主义已在中亚突厥语族诸国产生一定的影响。土耳其走过的经济转型的道路,即由封闭的农业经济向资本主义市场经济转换的成功道路,对中亚各国具有相当的吸引力。哈萨克斯坦总统纳扎尔巴耶夫说过:"我们对土耳其怀有特殊的兴趣,该国信仰伊斯兰教,却在建设世俗国家。土耳其的道路完全适用于我国。"1992年2月11日,《俄罗斯报》发表了纳扎尔巴耶夫答《新闻报》记者问,提出建立"突厥联盟"设想。在中亚各国看来,土耳其可以起到中亚与西方资本主义发生联系的桥梁作用。

泛突厥主义问题在中亚始终是个极敏感的政治问题,学者们并不看好其前景。但从泛突厥主义产生和发展的历史来看,由于其自身的缺陷,它大体只有文化方面的影响,基本上没有得到什么国家和政府有力的一贯支持,形成不了一支统一的政治力量和大规模的群众运动。中亚一些国家领导人对"突厥联盟"也更多地是从经济合作的角度去强调,并非以政治运动的极端民族主义——泛突厥主义来危及国家统一和主权。同时,泛突厥

---

[1]张建军、姜勇:《泛突厥主义与突厥主义比较》,载《昌吉学院学报》,2004年第2期,第28—32页。

主义在中亚地区迅速传播已引起俄罗斯的不安。由于土耳其本身经济状况并不好，土耳其也没有经济实力支持这种极端的主义。泛突厥主义的影响不容忽视，但近期它在中亚未必能成什么大气候。

新疆与中亚毗邻，又是一个多民族和多宗教的地区，伊斯兰教在该地有广泛的信众。许多民族，如新疆的维吾尔、哈萨克、塔吉克、塔塔尔、乌孜别克、柯尔克孜、回、保安、撒拉、东乡等10个少数民族基本全民信仰伊斯兰教。有的民族与中亚的同一民族跨境而居、语言相通、姻亲相连。中国西北地区的伊斯兰教大都是由陆路经中亚传入的，伊斯兰教神秘主义苏菲派正是由中亚和阿拉伯传入中国西北地区。新疆的"依禅派"与甘、宁、青的四大"门宦"都深受中亚伊斯兰教的影响，双方宗教之间有过较密切的往来。但新疆的少数民族具有爱国主义的光荣传统，为维护祖国统一，加强民族团结，反抗外来势力的侵略做出过重大贡献。西北地区的伊斯兰教也一直有着自办教务，不受外国势力支配的传统，更不依附于境外的宗教势力。

新中国成立后，西北地区各族穆斯林继承和发扬爱国爱教的传统，为维护祖国的统一，加强各民族的团结做出了新的贡献。近年来，境外敌对势力企图利用民族、宗教问题对我国进行渗透，进行危害国家统一的破坏和颠覆活动，对此必须保持足够的警惕。对一些别有用心的人鼓吹的泛伊斯兰主义、伊斯兰原教旨主义和泛突厥主义思潮必须予以坚决抵制和批判，对一切危害祖国统一和民族团结的破坏活动必须予以坚决打击和制裁，同时要加强社会主义精神文明建设，依法加强对宗教事务的管理，从而确保西北地区社会主义建设有一个安定的政治和社会环境，保证我国与中亚五国的经济交往得以正常进行。

二、"东突厥斯坦伊斯兰共和国"的出笼与覆灭

"东突厥斯坦"这一名称，最初是某些西方人作为地理名词使用的，

其范围指新疆（主要是指南疆地区），与当时俄属"西突厥斯坦"对称。[1]民国八年（1919），杨增新给北洋政府的一个呈文中有"新疆南路名曰回疆，又名东土耳其斯坦，与俄属塔什干西土耳其斯坦境壤相接"。说明早在1919年"东突厥斯坦"就被错译成"东土耳其斯坦"了。后来各种著述、文章几乎都使用错译名称，将"泛突厥主义"也写为"泛土耳其主义"。

（一）伪政权的出笼

1933年，北疆地区战乱频仍，南疆地区形势也日趋复杂化。反对金树仁统治的人民群众斗争，逐渐被几股地方武装势力所控制，国外某些势力也插手其间，因而使南疆处在战火纷飞之中。

1932年秋，马世明受马仲英派遣进入新疆，在鄯善、吐鲁番、托克逊等地区同盛世才交战，战败退往南疆占据焉耆，成立"三十六师剿匪司令部"。此时，焉耆回族头领马占仓加入马世明行列。焉耆行政长牛时全家被当地暴动者处死。

1933年春，马占仓与库车马车夫行头铁木耳等向南疆西部发展。他们相继攻占了轮台、库车，杀库车守军头领詹世奎等。阿克苏行政长徐益珊向喀什噶尔告急，师长金树智派团长杨庆明率兵救援阿克苏。此时，和田地区爆发了反抗金树仁统治的金矿矿工暴动。于阗素克塔牙克与墨玉两地金矿矿工几乎同时暴动。他们要求政府取消贸易垄断，以公平价格收购金银，抵制使用纸币，减少捐税，实行伊斯兰教法，在每个城镇派驻穆斯林士兵。可以看出，暴动者带有浓厚的宗教色彩。

杨庆明在阿克苏附近与铁木耳部交战败北，马占仓、铁木耳占领阿克苏。金树智与迪化失去联系，阿克苏失守，和田告急，四面楚歌而服毒自杀（一说病故）。金树仁乃任命马绍武为"南疆剿匪总司令"。马绍武一面派人去和田宣抚，一面派李登龙、刘鼎率兵阻止铁木耳、马占仓向喀什噶尔进军。李登龙在巴楚附近与铁木耳交战，战败身亡。铁木耳、马占仓占领巴楚、伽师，直逼喀什噶尔。马绍武已无援兵可派，乃招收柯尔克孜族

[1]陈超：《新疆的分裂与反分裂斗争》，民族出版社，2009年版，第145页。

兵一个团，由陈德馨任团长，开赴前线阻挡铁木耳、马占仓。柯尔克孜兵头目乌思曼暗通铁木耳，杀陈德馨。乌思曼也自成一支暴动队伍。这样，铁木耳等进攻喀什噶尔已无任何障碍。和田地区的暴动，领导权被宗教上层人物穆罕默德·伊敏、沙比提大毛拉等窃取。他们成立了"伊斯兰政府"，称为"和田艾米尔政府"。穆罕默德·伊敏充当"伊斯兰艾米尔"，沙比提大毛拉任政府总理。他们劫获了金树仁从印度购买的一批武器，增强了势力。从苏联逃入新疆的"巴斯马奇"头目加纳伯克，成为这个政府的军事指挥官。这些人在和田立足之后，把进攻目标指向喀什噶尔。因此，喀什噶尔周围出现了铁木耳、马占仓、乌思曼、穆罕默德·伊敏以及代表政府的马绍武等几股不相统属的武装势力。为了各自的利益，他们互相展开你死我活的争战，使社会经济、人民生活遭到严重破坏。

5月，乌思曼、铁木耳、马占仓均攻入喀什。乌思曼、铁木耳占回城，废除马绍武行政长职务，任命尤努斯（郁文彬）为行政长。马占仓占汉城（疏勒）。乌思曼进攻喀什时，给英国驻喀什总领事馆写信，声称"决不再让汉族或东干（回族）统治南疆，真诚希望英国能够支持暴动者的独立要求"。

铁木耳进入喀什噶尔后，被"青年喀什噶尔党（泛突厥主义组织）"所左右，签发所谓"铁木耳沙的通行证"，上面只落回历日期，不用中华民国纪年，明明白白是不承认南京政府。铁木耳在喀什噶尔自称"东突厥斯坦"军总司令，与阿拉伯人、安集延人、阿富汗人以及当地阿訇、毛拉相勾结，企图建立"东突厥斯坦共和国"。为了争夺地盘，他与和田穆罕默德·伊敏的势力发生了冲突。

7月中旬，铁木耳在喀什噶尔逮捕了加纳伯克、沙比提大毛拉和阿不都拉·布格拉（穆罕默德·伊敏之弟）。8月，乌思曼与铁木耳争夺权力，双方发生冲突，乌思曼率兵退回山中，铁木耳领兵追击，马占仓乘机占领喀什噶尔回城，并伏击铁木耳。8月9日，铁木耳在返回喀什噶尔途中被杀。马占仓恢复了马绍武行政长头衔。8月16日，乌思曼从山中复出，再次占领喀什噶尔回城，马占仓退回汉城。在与马占仓的战斗中，乌思曼之弟乌迈尔被击毙。

铁木耳死后，乌思曼自称总司令企图独自控制喀什噶尔地区。但他野蛮残暴，掠夺财物，奸淫妇女，不仅残害汉族，而且危害维吾尔族，致使喀什噶尔地区更加混乱。此时，安集延人色以提·瓦的江（铁木耳部团长）网罗铁木耳残部与乌思曼对抗。另有叙利亚人陶菲克巴依自称穆圣后裔出现在喀什噶尔，他也掌握了铁木耳残部一部分兵力。曾被铁木耳扣押的沙比提大毛拉、阿不都拉·布格拉、加纳伯克等逃出后，也率军卷土重来。色以提·瓦的江与和田势力联合，杀死乌思曼的助手阿得，乌遂席卷所夺之汉人财物百余箱，及所掠妇女三四十人连夜遁入山中，旋被色以提·瓦的江派人拘捕，收禁于营中。后来，乌思曼因进行反苏活动被通缉，又被送入盛世才的监狱，死于狱中。

在穆罕默德·伊敏、色以提·瓦的江等势力的怂恿下，在泛伊斯兰主义、泛突厥主义思想的促使下，受帝国主义支持的喀什宗教人物沙比提大毛拉出面组织伪政权。11月12日（回历1852年7月24日），伪"东突厥斯坦伊斯兰共和国"在喀什噶尔出笼了。这天夜晚被民族分裂主义分子称为"民族之夜"。喀什噶尔广场上挂出了"星月旗"。在所谓"共和国"成立的大会上，宣布了伪政府成员的名单、宪法及国歌。

伪政府的所谓"组织纲领"有30条。主要内容是：共和国依照穆斯林的教条而成立，遵《古兰经》条文为准则，东突厥斯坦为永久民主共和国，请南京或国际联盟给予便利，而达永久独立；以穆斯林治理国政，一切行政事宜，概采合议制。中央政府总统之下有国务院，内设总理1人、副总理2人。设外交、军政、财政、教育、宗教、司法、教产管理、农商、卫生9个部。其成员有总统和加尼牙孜、总理沙比提大毛拉（喀什噶尔人，曾在阿富汗、印度等地留学，接受了泛伊斯兰主义、泛突厥主义思想）、内政部长尤努斯伯克（汉名郁文彬，毕业于省立法政专门学校）、外交部长哈斯木江阿吉（和田人，英国间谍）、军政部长乌拉孜伯克（柯尔克孜族)、财政部长阿里阿訇巴依(喀什噶尔商界暴发户)、教育部长阿不都克里木汗·买合苏木(大阿訇)、宗教司法部长泽里夫·哈里阿吉(宗教人士)、教产管理部长夏木西丁·吐尔迪阿吉(地主,曾留学印度)、农商部长奥布尔·玉山阿吉(大地主、商业资本家)、卫生部长阿拜都拉汗(苏联中亚人,十月革命后逃来新疆)。

1934年1月底2月初,南京《中央日报》、天津《大公报》等纷纷转载苏联塔斯社从莫斯科、塔什干、喀布尔、伊斯兰堡、巴黎等地发出的关于中国新疆南部所谓"独立"的消息,以及伪政府派人四处活动,要求外国给予承认、与外国订购军火等报道。马仲英也电告南京政府,南疆已宣布"独立"。1月27日,南京国民党中央政府向盛世才电询南疆是否独立,"盛回电称并未闻有南疆独立之说,显系阻挡黄绍竑之入新"。

(二)国外势力的渗透,英帝国主义在所谓"南疆独立"事件中扮演了不光彩的角色

英国驻喀什领事馆的外交官员参加了"共和国"的庆祝大会,这个事实足以证明,英帝国主义者是这个所谓"共和国"的幕后操纵者和公开支持者。

1933年11月,英国驻喀什噶尔第三任总领事汤姆森·格洛弗上校到喀什噶尔上任,他对沙比提大毛拉和诸艾米尔的试探报以热情的态度,而且特向他的上司建议:可以向新成立的所谓"共和国"表示实际的同情和提供援助。

英国为了在这一地区与苏联相对抗,积极策划南疆独立,并计划将南疆与印度、阿富汗、伊朗等国联系在一起,建立所谓"大伊斯兰教国"[1],首都设在吉尔吉特。新疆民族分裂主义的活动,正适合英帝国主义的需要。同年8月,英国从印度派间谍到喀什噶尔活动,用51万卢比作为活动经费。

---

[1] Forbes A.D.W. Warlords and Muslims in Chinese Central Asia-A Political History of Republic Sinkiang 1911–1949. Cambridge University Press. 1986. pp.83–84.

日本军国主义也把魔爪伸向新疆，他们通过派遣间谍、利用传播媒介等方式，煽动新疆分裂叛乱。另外还有土耳其、阿富汗、印度等国的"泛伊斯兰主义""泛突厥主义"分子，均不择手段插手新疆事务。种种事实表明，南疆的所谓"东突厥斯坦伊斯兰共和国"是在英帝国主义以及"泛伊斯兰主义""泛突厥主义"分子的煽动、策划、支持下出笼的。

（三）分裂伪政权的覆灭

伪政府成员的成分说明，他们代表的是剥削阶级的利益。和加尼牙孜被推到总统的位置上，但伪政权成立时他并不在场，而是在距喀什噶尔460公里外的阿克苏。

伪政权成立两个月后即1934年1月，和加尼牙孜带领一些人在麻木提的护送下到达喀什噶尔就任总统，沙比提大毛拉组织乐队欢迎。然而，后来的事实证实，和加尼牙孜与沙比提大毛拉的政治趋向并不一致。穆罕默德·伊敏虽然没有在伪政权中担任职务，但他在领导集团中是最富有也是最有影响的人物。

伪政权的所谓宪法，共有30条。其核心是宣扬宗教至上，政教合一。宣称："东突厥斯坦"的回教人们（包括阿尔泰、塔尔巴哈台、伊犁、哈密、莎车等回教人民集中区）应该联合起来，隶属于回教国。回教国之组织为教皇、总教掌、总哈孜（即总掌教规者）、秘书长。本组织采取阁议制，以教皇为主席。回教国的政府人员，应由精通《古兰经》及熟悉现代科学者担任。

伪政权的宗旨是脱离中国而独立。在策划过程中，起初对"独立"还留有余地。从保留下来的铜币发现，初期所铸铜币上面有维吾尔文"维吾尔斯坦共和国"，还有汉文"当红钱十文"字样；图案既有星月标志，也有国民党青天白日标志。但后来所铸银币和印刷的纸币就起了变化，汉文和青天白日标志消失了，银币和纸币上只有"东突厥斯坦伊斯兰共和国"，表明他们在分裂的道路上越走越远。伪政权成立后，接管了瑞典人传教部门的印刷厂，创办《东突厥斯坦自由报》《独立》杂志，在周刊中大肆煽动反汉和分裂,叫嚣"吾人今虽脱离汉人之压迫,但犹未脱离东干(回族)……黄汉人与东突厥斯坦本无丝毫关系,黑东干亦无多大关系。东突厥斯坦者,乃东突厥斯坦人之东突厥斯坦,勿需外人来作吾人之父母……外人之风俗、习惯、性情、文字等均须打倒,并将外人永远驱逐出境"。

"东突厥斯坦伊斯兰共和国"出笼后,对人民施行残暴统治。为了购买英国人的武器,他们大肆抢掠农牧民的牛羊,用700头牛羊换取1万支来复枪和子弹。为解决财政方面难以克服的危机,这个政府进一步增加税收,掌有实权的伊斯兰教法庭增收各种名目的宗教税额,使百姓背负的沉重负担比之过去有过之而无不及。苛捐杂税、无偿劳役,使农民无法耕种,田地大量荒芜,商人不能经营,被迫逃往他乡,市井冷落萧条。宗教法庭滥施肉刑,未戴面纱之妇女,会祸及性命。以上种种,人民无法忍受,反抗事件连连发生。

马仲英部属马福元进入喀什,据英国驻喀什总领事汤姆森·格洛弗记述:"他们几乎未遇到抵抗。大约800名东干士兵和1200名新兵就迫使1万人的叛军逃离喀什。"成立刚3个月的"东突厥斯坦伊斯兰共和国"便土崩瓦解。

2月13日,马福元、马占仓恢复了前道尹马绍武职务,让他代表中国当局负责最高军事和民政监督之职。伪政府成员各自逃亡。沙比提大毛拉带领一些人马逃往英吉沙。和加尼牙孜逃至中苏边境伊尔克什塘,他与苏方达成协议,解散伪政权并同意出任省政府副主席,随即致信沙比提大毛拉转告其意。

3月2日,沙比提大毛拉在莎车召开所谓内阁会议,宣布和加尼牙孜是叛徒。4月中旬,和加尼牙孜从乌恰到莎车,令部属麻木提逮捕了沙比提大毛拉和扎里夫·哈里阿吉,并将他们解往由省军控制的阿克苏城。沙比提大毛拉和扎里夫·哈里阿吉被盛世才下令处死(一说沙比提大毛拉死在迪化监狱中)。

马仲英占领喀什噶尔后，穆罕默德·伊敏退回和田，又建立所谓"和田伊斯兰王国"。7月中旬，马仲英逃亡苏联，部队交给马虎山开入和田，"和田伊斯兰王国"也随之被消灭。穆罕默德·伊敏逃亡印度，并继续从事分裂祖国的罪恶活动。至此，南疆出现的分裂政权彻底灭亡。

三、"东突"在新疆的破坏活动和新疆人民的反分裂斗争

（一）"东突"在新疆的破坏活动

国际恐怖主义对我国形成现实和潜在的威胁，尤其是民族、宗教性恐怖活动的泛滥，对我国边疆民族地区的稳定与发展，构成一定的冲击。"9·11"事件发生后，中国政府首次正式公布了"东突"问题。时任外长的唐家璇指出："中国也面临恐怖主义的危害。'东突'恐怖势力受到国际恐怖组织的训练、武装和资助。反对'东突'是国际反恐怖主义斗争的重要方面。"中国国务院新闻办公室也于2002年1月发表了关于"东突"问题的白皮书《"东突"恐怖势力难脱罪责》。以"东突"为代表的国际恐怖主义对我国新疆地区安全的影响，主要表现在以下几个方面：

1. 组织活动

"东突"源自两方面：一是伊斯兰原教旨主义，二是西方国家的支持。20世纪80年代初，新疆的"东突"分子和一些穆斯林教徒在国外朝觐过程中，陆续受到国外伊斯兰原教旨主义组织的影响和熏陶，伊斯兰原教旨主义便成为新疆民族分裂主义分子尊奉的思想武器。自80年代中期起，伊斯兰原教旨主义在新疆逐步发展和蔓延，并演化为宗教极端主义。1992年12月，"东突"分子在外国反华势力的资助下，在土耳其伊斯坦布尔召开了"东突厥斯坦民族代表大会"，来自中亚、美、澳、德、瑞士、巴基斯坦、沙特、土耳其等国几十个"疆独"组织的领导人参加了大会。1993年4月，美、德、法、巴基斯坦、沙特及中亚等十几个国家的维吾尔族代表再次在土耳其举行了"东突厥斯坦"会议，宣布建立流亡政府，还任命

"政府首脑",发表独立宣言,并呼吁联合国、国际人权组织和伊斯兰组织向中国施压。1999年初,本·拉登会见了"东突厥伊斯兰运动"头目艾山·买合苏木,在许诺提供资金援助的同时,要求其"一切行动要与'乌兹别克斯坦伊斯兰解放运动'及塔利班协调"。5月,美国"维吾尔联盟"主席吾拉木帕塔邀请西藏、内蒙的分裂分子和部分"台独"分子在美国奥兰多市召开"四方联合协调会",声明"互相尊重各自独立的愿望"。12月,来自18个国家的40多个"东突"组织代表在土耳其伊斯坦布尔召开会议,会议上确立了暴力"建国方针",并提出要在10年内建立一支万人以上的正规军队,走"武装夺取政权"的道路。2008年,拉萨"3·14"事件发生后,热比娅及"世维会""东突"组织立即发表声明,声援"藏独"势力。2008年3月22日晚至24日,"伊扎布特"组织在新疆和田、喀什、乌鲁木齐、克州等地统一行动,散布、张贴反动传单和标语,煽动穆斯林群众上街游行。24日,在和田市连续发生"伊扎布特"组织策划的三起非法游行活动。境外民族分裂组织为壮大力量,不断加强横向联合,试图结成民族分裂联合体,采取各种方式加强同境内组织的勾结,企图在更大范围和更高层次上形成协调机制,联合肇事,遥相呼应。

2. 暴力破坏

"东突"号称"境外指挥,境内行动;境外培训,境内破坏",以各种暴力手段,在新疆开展恐怖活动,务求把新疆问题国际化。中国国务院新闻办公室白皮书《"东突"恐怖势力难脱罪责》指出,据不完全统计,自1990年至2001年,境内外"东突"恐怖势力在中国新疆境内制造了1996年温宿"2·10"抢枪杀人案、库车"4·29"爆炸杀人案、喀什"5·21"暗杀案、叶城"8·27"洗劫乡政府案、沙雅"7·15"暴狱案,1997年伊犁"2·5"打砸抢骚乱事件、乌鲁木齐"2·25"公共汽车爆炸案,1998年"4·6"偷运武器弹药案,1999年和田库来西集团案等至少200余起恐怖暴力事件,制造爆炸,进行暗杀,袭击警察和政府机关,实施投毒、纵火,建立秘密训练基地,筹集、制造武器弹药,策划、组织骚乱、暴乱事件，制造恐怖气氛，造成各民族群众、基层干部、宗教人士等162人丧生，440多人受伤。2008年，他们提出"逢会必扰，逢节必闹"，针对北京奥运会，制造了喀什"8·4"暴力恐怖袭警案，库车"8·10"系列爆炸案，疏勒"8·12"袭击治安卡点案等多起暴力恐怖事件。特别是2009年，他们精心策划乌鲁木齐市"7·5"事件，造成多名无辜群众死伤。中国新疆的分离主义组织接受塔利班的援助和培训，尽人皆知。阿富汗战争期间，有千名"东突"分子组成"塔利班东突支队"，声言要与塔利班共存亡，但部分人在战争仍未结束时，便逃到中国与阿富汗、巴基斯坦的边境地区藏匿。"东突"过去经常将武器及人员渗透到新疆境内，组织破坏活动，但在阿富汗战争后明显减少。

3. 宣传造势

近年来，境外民族分裂恐怖组织不仅利用广播、电视、报刊、录音带、录像带等多种媒体对我新疆进行分裂宣传，还利用互联网这一新型传播手段煽动民族仇恨。如设在德国慕尼黑的"东突厥斯坦信息中心"通过互联网，大量搜集、发布有关新疆政治、经济、文化、民族、宗教等方面的歪曲、臆造性信息。原先设立在德国的"解放电台"和"自由欧洲电台"已转移到捷克和哈萨克斯坦，并在土耳其增设了"独立解放电台"，加强对新疆的宣传，其经费则来自西方国家。没有西方大国的援助，就没有"疆独"恐怖活动，也就没有新疆问题国际化。克林顿、戈尔、布什、奥巴马多次会见"东突"分子。美国国会甚至还召开过所谓"新疆问题"听证会。据香港凤凰卫视报道，"美中央情报局指定专门机构的人员负责培训'疆独'分子"，"其他一些西方国家也利用（疆独）在国际上给大陆制造麻烦"。就是在"9·11"事件之后，一些西方国家还企图对"东突"这个恐怖组织百般包庇，乃至支持。2001年10月19日，欧洲议会仍然允许"东突"分子在议会大厦内举行所谓"新疆问题"的研讨会，为其提供宣传场所。美国布什政府一直回避把"东突"定性为恐怖主义组织。2002年初，在德国召开的第四届"世界维吾尔青年代表大会"筹备会议上，执委会初步确定将更改大会的名称,以"政党"的面目出现在国际政治舞台上,逐步筹建"东突流亡政府"。目前,"世维会"在加拿大、澳大利亚、比利时、丹麦、法国、哈萨克斯坦、日本、瑞士和英国都设有分会。2002年5月中旬,"维吾尔人统一联盟""内蒙人民党""藏族国际协会""台湾独立联盟"等反华组织又在美国佛罗里达开会,讨论如何使"四独"国际化。美国国务院反恐怖主义事务协调员泰勒说:"美国未确认或者认为东土耳其斯坦组织是恐怖主义组织。我们确实讨论了与在阿富汗的塔利班和'基地'组织有关联的一些来自中国西部地区的中国公民的情况,以及我们在那里的军事行动中所抓获的人中有这些人的事实。我们在磋商中谈到,尽管这些人确实参与了在阿富汗的恐怖主义活动,但中国西北地区的人民所面临的合理的经济和社会问题不一定是反恐怖主义问题,这些问题应当得到政治性解决,而不是通过反恐怖主义的方式。"

4. 行为传授

近年来,国外一些伊斯兰原教旨主义恐怖组织"热衷于"为新疆民族分裂培养"圣战者",并传授恐怖活动的手段与方法。在国际反华势力的暗中支持下,境外的民族分裂恐怖组织与极端宗教恐怖组织把中亚和南亚地区作为其对新疆进行破坏活动的前沿阵地和培训基地。有些还指定专门机构和人员对"东突"等分裂势力进行指导。近年来,阿富汗塔利班支持新疆民族分裂分子和伊斯兰极端势力,向潜逃到塔利班控制区的新疆民族分裂分子提供庇护所和训练基地,培训他们掌握恐怖活动的知识和方法。

(二)新疆人民的反分裂斗争

新疆不断出现的暴力破坏活动严重地干扰了本地的和平与稳定,破坏了各民族长期努力下形成的和谐局面,因此必须予以严厉打击。

1990年底破获"伊斯兰改革者党"案,共逮捕漏网分子依米提塔里甫和伊德力斯罕重新网络的余党130多人。这个犯罪团伙先后制造了乌鲁木齐"2·5"爆炸案、武装抢劫沙雅县农业银行50万元巨款。1992年破获"东突厥斯坦民族解放组织案",主犯肉孜买买提1988年在乌鲁木齐学习期间先后两次召开"建党会议",他先后在喀什、哈密、伊犁、巴音郭楞4个地、州9个县、市,组织成员160余人。1995年底,新疆公安部门先后捣毁重要分裂政党组织5个,它们分别是1988年建立的"天山民主拯救者党"、1990年建立的"东突厥斯坦伊斯兰改革党"、1991年建立的"东突厥斯坦民主伊斯兰党"、1994年建立的"东突厥斯坦正义党"。其中,"东突厥斯坦伊斯兰党"直接策划和组织制造1990年阿克陶县巴仁乡暴乱。该党头目玉素甫宣称,为建立"伊斯兰王国",要打10年恐怖战争、10年游击战争和10年正规战争。

1990年至1995年间,公安机关捣毁109个分裂组织、团伙,涉案人员1831人,缴获各类长短枪武器80支(其中从境外入境的15支)、子弹1万余发、爆炸装置41个、手榴弹248枚、震源弹83枚、炸药2吨多、雷管653枚、引爆定时器36个、造枪模具一批等。这一时期分裂政党和组织团伙的成员呈年轻化、知识化和组织统一性强的趋势,企图通过各种恐怖手段达到扩大影响、分裂新疆的目的。

1998年4月6日,在霍尔果斯口岸我海关与边检部门查获了一起武器偷运案,在羊毛集装箱中,共查获军用手枪6支、子弹1.9万余发、手雷90余枚,还有折叠冲锋枪等。据犯罪分子交代,他们是受境外"东突国际委员会"和"东突解放组织"的指派行动的,此前已经17次偷运武器弹药入境。

1998年前后,全疆捣毁分裂政党和团伙组织195个,涉案人员1194人,捣毁境内外敌对分子建立的恐怖窝点27处。这一时期分裂活动开始恶性发展,其纲领是"要走武装斗争道路","在人口集中的地区制造各种恐怖活动"。他们编印的小册子《我们的独立是否有希望》毫不掩饰地宣称要不惜代价在幼儿园、医院、学校等场所制造恐怖气氛。"东突"恐怖势力策划实施了一系列血腥恐怖案件。

2001年以来,乌鲁木齐市共打掉"暴力恐怖团伙"10个,抓获"民族分裂骨干分子""暴力恐怖犯罪嫌疑分子"和"宗教极端势力分子"210人。

2006年4月28日，蒙古海关和边检人员在蒙方布尔根口岸检查出境车辆时，在一辆乘有3名新疆籍男子的车上查获一支手枪。2006年5月30日，和田市打掉以买买提·买提努日为首的宗教极端团伙，该团伙长期聚集从事非法宗教活动，并自制小型爆炸装置，准备在六一儿童节期间在市广场袭击、暗杀汉族群众。另外，需要指出的是，当前除了要继续警惕"三股势力"的破坏活动外，还需要高度关注和警惕"伊吉拉特"对新疆的现实危害。该组织利用信教群众朴素的宗教感情和宗教认同感，进行煽动宣传，极力鼓吹出境参与"圣战"，拉拢发展成员，建立组织，制枪、制暴、制毒，进而制造暴力恐怖活动，达到分裂新疆的目的。2003年至2009年间，全区共查获"伊吉拉特"组织团伙9个，涉案204人，抓获105人。

这一时期其活动特点是扩大新疆问题在中亚、西亚等伊斯兰国家的政治影响和生存空间，与境内外各种敌对势力勾结，借助西方的力量，使新疆问题国际化。

近代新疆发展的历史告诉我们，新疆各族人民是热爱祖国、维护祖国统一、维护民族团结的，他们始终是反分裂斗争的主力军。背叛祖国、阴谋分裂祖国、破坏民族团结的仅仅是一小撮民族分裂主义分子。历史也雄辩地证明了，国内外一小撮分裂主义势力妄图把新疆从我们伟大的祖国分离出去的阴谋是永远不能得逞的。过去，在祖国衰弱的历史时代不能得逞；在我们伟大祖国日益强盛、中华民族正走向全面振兴的今天，祖国的统一和民族的团结已成为民心所向，众望所归，成为不可逆转的历史潮流，他们的妄想更是绝对不能得逞的。

第六节 结语

新疆是中国不可分割的重要组成部分，是我国西部大开发的重点地区，是西北安全的战备屏障，是对外开放的重要门户，是我国战略资源的重要基地。新疆是中国矿产资源最为丰富的省区之一，矿产种类全，储量大；

有独特的地形地貌，境内冰峰耸立、沙漠浩瀚、盆地众多、草原辽阔、绿洲星罗棋布；新疆自然景观独特，冰峰与火洲相望，沙漠与绿洲为邻；文化积淀厚重，民族风情浓郁。

  建国以后，以毛泽东同志为核心的党的第一代领导集体，动员大批内地知识青年、大中专毕业生和复员转业官兵参加新疆的社会主义建设，迅速形成了中央和全国各族人民支援新疆建设的动人局面，为新疆发展和稳定奠定了坚实基础。60年代初，毛泽东同志明确提出，新疆要做好经济工作，生产要一年比一年发展，经济要一年比一年繁荣，人民生活要一年比一年改善。进入改革开放时期，以邓小平同志为核心的第二代中央领导集体，根据改革开放时期新疆实际，完善民族区域自治制度，采取了一系列推动新疆改革开放和现代化建设的政策措施，开创了新疆经济发展、社会稳定、民族团结的良好局面。以江泽民同志为核心的第三代中央领导集体，根据新形势新任务，提出并实施西部大开发战略，全面部署和推进新疆改革发展稳定各项工作，进一步巩固和发展新疆各民族团结，推动新疆各项事业发展达到新水平。党的十六大以来，以胡锦涛为总书记的党中央始终把新疆工作摆在重要位置，对新世纪新阶段促进新疆发展、维护新疆稳定做出战略部署，推动新疆各项工作取得新的显著成就。2004年中央下发11号文件，提出"稳疆兴疆、富民固边"战略，全面部署新疆的经济发展和社会稳定工作。2007年制定国务院32号文件，给新疆经济社会发展以更明确的政策倾斜。2009年10月，胡锦涛总书记主持召开中央政治局常委会议，就筹备召开中央新疆工作座谈会进行研究部署。2010年3月下旬，中央召开全国对口支持新疆工作会议。一年以来，中央政治局常委们以前所未有的密度赴疆考察调研或高度关注新疆工作。所有这一切，体现了中央对新疆发展和稳定的特殊重视、特殊关怀。2010年5月17日至19日，中央新疆工作座谈会的召开，标志着新疆经济社会发展进入了新的历史阶段和新的发展时期。

  然而，破坏新疆民族团结，破坏祖国统一的各种恐怖势力不断在新疆制造形形色色的恐怖活动，不仅伤害了民族感情，破坏了民族团结，而且阻碍了新疆的发展，与祖国的发展形势和新疆人民思稳定求发展的愿望格格不入。新疆解放以来，境内外各种敌对势力一刻也没有停止过分裂新疆的活动。尤其是改革开放以后，各种敌对势力加紧勾结，再加上西方反华势力在意识形态领域对新疆的"西化""分化"思想渗透，以及对新疆境内、外的恐怖组织进行的资金援助，政治庇护，使新疆的反分裂形势具有了复杂性、艰难性的特点，而且具有国际性和长期性的趋势。

党和国家从新疆多民族的实际出发，制定并实施了一系列符合国情的民族、宗教政策，在少数民族聚居地区实行民族区域自治制度，保障了各族人民真正当家做主的权利。自治区政府认真贯彻执行党的宗教信仰自由政策，宗教人士、宗教场所和群众正常的宗教活动受到尊重和保护。目前，全区有宗教活动场所2.4万余座，其中伊斯兰教清真寺2.39万座，宗教教职人员2.9万名，充分满足了信教群众的需要。自治区政府高举民族团结的伟大旗帜，大力开展以爱国主义和民族团结为主线的思想教育活动，全面贯彻落实党的民族宗教政策和《民族区域自治法》。自1983年以来，已连续26年在全区开展民族团结教育月活动，"三个离不开"的思想日益深入人心，平等、团结、互助、和谐的社会主义新型民族关系越来越巩固。

展望未来，新疆的经济和社会发展正展现出无限美好的广阔前景。新疆各族人民将在党中央、国务院的正确领导下，高举中国特色社会主义伟大旗帜，深入贯彻党的十八届三中全会精神，自治区八次党代会精神，建设具有新疆特色的现代文化，全面落实科学发展观，着力推动产业机构优化升级和转变经济发展方式，着力深化改革和大力开放，提高自主创新能力，着力加强基础设施建设和生态环境保护，着力改善民生和提高基本公共服务水平，全面推动经济建设、政治建设、文化建设和社会建设大发展、大繁荣。

第二章 西藏问题的由来及发展演变

胡仕胜、马燕冰

所谓的"西藏问题"实质就是"西藏独立"问题，整个"西藏问题"的产生离不开帝国主义的殖民侵略与西藏上层的分裂情结，整个"西藏问题"的国际化则离不开国际反共反华势力的鼓噪，离不开民族分裂势力的嚣张的"藏独"活动。

西藏社会主义事业的发展是一个需要几代人努力的进程。在这个过程中，只要境内外企图恢复特权阶层特权利益的势力继续存在，只要国际社会牵制中国崛起的势力继续存在，借由"西藏问题"搞乱藏区、搞乱中国的各种阴谋与阳谋就不会停止。但只要中央及各级政府继续行进在为最广大藏民族、最广大人民谋福祉的正确道路上，不断完善对经济发展、社会进步、文化建设的科学认识，境内外的"藏独"势力以及"援藏独"势力绝无可能翻天。西藏游离于中央政权的那段历史已经一去不复返了。

第一节 西藏的自然情况

一、地理、气候、地形特点

（一）地貌概况

西藏地区位于中国的青藏高原上，它是世界上最高的高原，素有"世界屋脊"和"世界第三极"之称。该地区条块分割，沟壑纵横，相互阻隔，且空气稀薄，日照强烈，气温低，降水少。

青藏高原面积约250万平方公里，包括西藏和青海的全部、四川西部、新疆南部以及甘肃、云南的一部分。高原周围大山环绕，南有喜马拉雅山，北有阿尔金山、昆仑山和祁连山，西为喀喇昆仑山，东为横断山脉。而高原内部也分布诸多山脉，包括唐古拉山、冈底斯山、念青唐古拉山、可可西里山、巴颜喀拉山等。除了这些构成整个青藏高原骨架的山脉之外，还有许多分支山脉，如安多地区的阿尼玛钦雪山、岷山、西倾山；康区的贡嘎山、二郎山、雀儿山、梅里雪山等。整个高原平均海拔4000多米，许多山峰的高度在海拔5500米以上，喜马拉雅山更有16座山峰超过8000米。

高原地表被纵横交错、高低悬殊的山脉分割成许多盆地、宽谷，位于冈底斯山和昆仑山之间的藏北高原是世界上最高的内陆湖泊与内流水系区域，其东北的柴达木盆地也是一个内流水系，是青藏高原最低洼的部分。这一带湖泊沼泽星罗棋布，著名的湖泊有青海湖、纳木错、奇林错，以及喜马拉雅山北麓的羊卓雍湖、玛法木错。

青藏高原又是世界上冰川集中分布的地区之一，现代冰川面积占全国冰川面积的80%。高山上的冰川融化后成为江河湖泊的一部分水源，世界著名的亚洲水系的几条大河——黄河、长江、怒江、澜沧江、雅鲁藏布江、印度河等都发源于青藏高原。

（二）气候概况

青藏高原复杂多样的地形外貌形成了独特的高原气候，即空气稀薄、日照充足、气温低、降水少。青藏高原每立方米空气中的含氧量约150～170克，只相当于平原地区的62%～65.4%。青藏高原海拔高，空气稀薄、干燥、洁净，太阳总辐射量很高，年总量在5000～8000MJ/平方米，比同纬度低海拔地区高50%～100%不等。日照时间也相当长，全年在1600～3500小时之间。

高海拔造成的相对低温和寒冷也异常突出，冬长夏短，大部分地区的冬季长达6～7个月，高原有一半地区年均气温低于零度，这构成了青藏高原的主要特征。青藏高原的气温日较差比同纬度的东部要大得多，强烈的太阳的直接辐射使高原地表和近地面空气白昼强烈增温，夜晚却迅速冷却。高原的气温月均变化比较小，年较差比同纬度的东部要小4～6摄氏度以上，夏季比较凉爽，冬季也不太寒冷。

绵长巨大的喜马拉雅山脉横亘在青藏高原的南缘，阻隔了南来的强大而潮湿的印度洋水汽。在高原的东南隅，海拔较低，印度洋水汽顺雅鲁藏布江等河谷北上并向西推进，因此，降水量自藏东南4000毫米以上向柴达木盆地西北部的冷湖逐渐减少，冷湖的降水量仅有17.6毫米，最多降水量是最少降水量的200多倍。整个高原年降水量不多，一般在200～600毫米，降水时间也分布不均，每年10月到翌年4月，降水量较少，5月到9月，降水量较多，一般占全年降水量的90%左右。[1]

（三）各地区差异明显

青藏高原由于地形起伏较大，因此垂直自然带普遍发育。此外，青藏高原广袤的地区受地形结构和大气环流特点的制约，形成自东南向西北由暖湿至寒旱的水平分异梯度，表现为森林—灌木—草甸—荒漠的地带性变化。根据不同的自然景观和地貌特征，青藏高原可以划分为若干个分异明显、各具特色的自然地理区。

---

[1]钟藏文:《中国西藏》，五洲传播出版社，2000年版，第4页。

其中东西长 1400 公里的冈底斯—念青唐古拉山成为高原南北的分界线。它穿越高原腹地，从西藏阿里一直延伸到东部藏区与横断山脉相连，是青藏高原一条重要的气候与地貌界线。气候上将高原温带与亚寒带分开，地貌上将北部荒原与南部河谷、低地分开。冈底斯—念青唐古拉山以北的"北方大平原"在藏语中称为"羌塘"，占青藏高原总面积的50%，这里大部分地区非常荒凉，高山草甸植被稀疏，荒漠戈壁寸草不生。它的西部分布着星罗棋布的咸水湖，东北部有柴达木盆地和青海湖，这里有辽阔的草原和沼泽地。念青唐古拉山以南地区是夹在喜马拉雅山之间的雅鲁藏布江河沟平原地带，是西藏农业区的主要分布地带，也是西藏文明不断演化的中心地带。

与念青唐古拉山东部相连的横断山脉地区也自成一体。由于自北向南奔流的长江、澜沧江、怒江、雅砻江等多条大江大河水系的切割，山岭与河谷高差达 1000～2500 米，分水岭地区有许多广阔的草原，是农牧交错的地区。

根据地理特点，西藏分为三大地区：南部的安多、中部的卫藏、东部的康区。横断山脉基本上就在康区的地理范围，横卧西藏中部的念青唐古拉山脉则是安多与卫藏的分界线。其中卫藏地区西南北三面被高山所包围，与邻近藏区落差较大，甚至达到 4000～5000 米。相比之下，康区或安多则与周边地区自然连接，落差不大，这从自然条件上大大方便了它们与内地的交通连接。

二、民族、语言、宗教、生活习俗、生产方式

（一）藏族

藏人群体祖祖辈辈生活在海拔 3500 米以上的高原上，这种地理环境对藏人的起源、生理结构、思维方式和生活习惯产生了难以磨灭的影响。关于藏人的起源，根据其人种起源的神话传说和文字记载，藏人是"猕猴"

的后代，一只受观世音菩萨点化的猕猴到雪域高原修法，与生活在岩穴中的罗刹女结合，生下6个雏猴，繁衍后代，即后世的藏族。有学者通过对有关神话的研究认为，猕猴与罗刹女结合的地方在雅砻的索唐，即雅鲁藏布江流域的南部，也有学者认为是在更靠藏东的波密。[1]这与1958年西藏林芝古代人头骨的发现是相吻合的。西藏"猕猴变人"的藏人起源说不但符合达尔文的进化论，还打上了独特的高原烙印。不论是神话传说，还是考古发现，这些都证明一个事实，即西藏人的祖先就是生活在青藏高原的土著居民，绝非从其他地方迁移而来的。在长期的发展过程中，青藏高原的土著居民与主要分布在今甘肃、青海、四川与新疆东部一带的我国西北地区重要的古代羌人逐渐融合成为今日的藏族。[2]

从人种学上来讲，一些外国学者曾将藏人分为A、B两种类型，一种是藏A型，即遍布于整个藏区的人的类型，又称僧侣型，属于蒙古人种的南蒙分支，主要居住于中国南部、缅甸、泰国和印度支那等地，其特征是头颅较宽、面孔较阔、身材较矮。藏B型又称"武士型"或"康区型"，属于中蒙古人种支系，居住于中国北方地区的汉族及朝鲜人等即属于此等人种，其特征为头颅较低、面孔较宽、身材较高。具体到不同藏区的藏人，那就是卫藏、安多地区的大部分藏人族群身材矮小，头形圆，高颧骨，而康区藏人一般个子较高，头形长，四肢长。[3]

由于高山深谷的天然阻隔，青藏高原形成了一系列差别悬殊的地域文化。不同地区的人由于相互间缺乏明显的交融，因而打上了深刻的区域烙印。居住在西藏阿里地区的人自称"堆巴"，后藏地区的人自称"藏巴"，前藏地区的人自称"卫巴"，居住在西藏昌都地区和四川阿坝、云南迪庆的人自称"康巴"，居住在西藏北部及四川西北（甘孜）、甘南、青海的人

---

[1]石泰安：《西藏的文明》，中国藏学出版社，1999年版，第25—27页。
[2]陈庆英：《关于汉藏两个民族的历史渊源关系》，《当代藏学研究的几个理论问题》，中国藏学出版社，2002年版，第167—188页。李强：《吐蕃苯教与中印佛教戏剧文化关系考》，载《西藏艺术研究》，2001年第4期。
[3]Tanka B. Subba, Flight and Adaptation: Tibetan Refugees in the Darjeeling-Sikkim Himalaya, Published by library of Tibetan Works and Archives, 1990, p.60.

自称"安多哇"。"巴""哇"在藏语中是"人"的意思。根据大量著述的记载和描述,西藏不同地区的人具有不同的禀赋与性情,例如,生活在东北部的"安多哇"善于烹饪,性格坚忍;"康巴"尚武,富有耐力,且身材魁梧,攻击性强,鲁莽粗犷,说话夸张等;中部的卫藏人聪明,善于经商,傲慢善变等。[1]

(二)藏语言

现在通行的藏文演化自公元7世纪松赞干布执政时期创制的吐蕃文字。但在此前,青藏高原还存在一种更为古老的象雄文字和语言。根据藏学家常霞青先生的研究,它与古代的旁遮普文和克什米尔文有相近之处。在西藏的很多古老寺院里,有不少藏书是古象雄文的手抄本,它们是用被称作"玛尔体"的高体、短元音的草书写成的。所谓的"玛尔体"就是今天藏文的草书字,藏文草书与楷书有很大区别,其原因就在于草书来源于象雄文,楷书来源于梵文。古老的象雄文与古旁遮普文和克什米尔文有着极为相近的亲缘关系,因此推断此文字属于印欧语系。[2]这也说明藏文并非产生于内藏,而是源自于域外。

实际上,根据大部分藏文资料记载,在创立吐蕃王朝的松赞干布执政之前,即公元7世纪之前,在广大藏区,如今学者将其归之为汉藏语系的藏文尚不存在。松赞干布即位后,派遣大相吞弥·桑布扎去印度留学,返回后令其创制藏文。藏文由30个辅音字母和4个元音符号组成,字体分成"有头字"和"无头字"两大类,前者主要用于印刷体,后者主要用于书写。藏文的读音因为地域的不同而不完全一样。历史上藏文曾有过几次变革,影响较大的一次是9世纪初,一批佛经翻译师在当政者的支持下从事文字的厘定工作,现行藏文就是这次改革后规范定型的。

(三)宗教信仰

青藏高原的广袤和严峻的自然条件使藏人视其为一种完全异己的、有

---

[1]Tashi Tsering: Paper presented to "The Anthropology of Tibet and Himalayas Semina" at the University of Zurich. Unpublished. http://barney.daltons nett/tibet/write_up/write_up.html.

[2]李强:《吐蕃苯教与中印佛教戏剧文化关系考》,载《西藏艺术研究》,2001年第4期。

无限威力的和不可制服的力量,由此对其产生了震慑心灵的敬畏之情,这种对超人类的自然威力的崇拜与敬畏催生了维持至今的如此浓厚、单一的宗教文化氛围。这也正是所有藏族人群最具凝聚力、同化力、感召力的因素,也是所有藏族人群最具同质感的民族生态要素。

古代的吐蕃人信奉宗教和原始苯教,与我国北方游牧民族信奉的萨满教一样,以崇拜天地万物和自然神祇为标识。苯教渗入到当时的卫藏地区社会的各个阶层,而且在公元4世纪左右,其政治影响迅速扩大。据藏文史书记载,苯教徒曾拥立雅隆部落首领聂赤赞普为"六牦牛部"部落联盟酋长,从此西藏进入赞普时代。此后凡27代,卫藏都以苯教护持国政。[1]苯教实际上掌握着很大的政治实权。松赞干布执政时期(629~680),为加强赞普的王权,开始引入佛教,因为佛教是一神教,且宣扬生死轮回、因果报应等有利于君主统治的宗教思想。在赤松德赞即位(755)到赤热巴巾掌权的80多年间,佛教在西藏得到空前的大发展。这期间,印度高僧莲花生为使佛教更加顺利地进入西藏,大胆地将苯教诸多元素吸收进藏地佛教,如将苯教自然神(大山、巨流等)宣布为神祇,将苯教的许多巫术也吸收到佛教的密宗之中,从而为佛教在广大藏区的发展铺平了道路。

但佛教与苯教的斗争一直没有停息过,吐蕃最后的赞普郎达玛于836年登基后,更是大肆灭佛,倡导苯教,一时佛教陷入低迷阶段。但仍有少数僧人从政治文化中心的卫藏地区潜逃到康区、安多、阿里等地,秘密传法。与此同时,公元8世纪之后,由于苯教也在不断吸收佛教思想,一支苯佛融合的类似藏传佛教的白苯教派因此产生,并在后世的藏族文化艺术中发挥着重要的导向作用。[2]

从公元11世纪到13世纪,藏区各地先后发起藏传佛教的各个流派,包括宁玛派、噶丹派、萨迦派以及支系繁多的噶举派。随着蒙古人横扫欧亚大陆,为统领西藏,蒙古人开始利用藏区宗教势力为其统治服务。从

---

[1] 彭金英主编:《西藏宗教概说》,西藏人民出版社,1999年版,第3—4页。
[2] 李强:《吐蕃苯教与中印佛教戏剧文化关系考》,载《西藏艺术研究》,2001年第4期。

13世纪开始,蒙古人先后扶持并建立起萨迦地方政权、噶举地方政权。藏传佛教也因紧密攀附政权而影响大增,苯教逐渐式微,并一蹶不振。

14世纪,西藏佛教由于各教派戒律废弛,僧人饮酒作乐、结婚生子,渐渐丧失民心和宗教感召力。15世纪初,宗喀巴对藏地佛教进行大规模整肃,也称宗教改革。1409年,宗喀巴在拉萨附近兴建甘丹寺,这标志着倡导严守戒律的格鲁派(黄教)的正式创建。但直到1641年,在信奉黄教的蒙古大王固始汗的军事扶持下,黄教才逐渐在藏族社会建立起优势地位。1642年,五世达赖喇嘛成为西藏的统治者,自此政教合一的统治机制为藏传佛教的大发展创造了极为有利的外部环境。

黄教之所以能在17世纪后获得迅猛发展,一方面有蒙古汗王的军事支持,但另一方面更在于建立起了独立且强大的寺庙经济。随着各世俗封建主的不断封赐、布施、赠送,加之黄教通过其他手段,获得大量土地、牲畜和农奴,逐渐形成了独立的寺庙经济,出现了寺庙庄园和活佛、大喇嘛的私人庄园。这不仅为黄教寺庙集团的形成提供了物质条件,同时也在一定程度上使寺庙摆脱了在经济上和政治上依附于世俗封建主的地位。

青藏高原独特严峻的自然环境对该地区宗教的影响是不可避免且烙印深刻的。其各地理单元相互阻隔,各自为政,造成了当时藏区封建割据势力之间的相互争斗。其陡峭的高山峡谷令人敬畏,因此苯教把宇宙分为三层,最高层是天神居住的地方,最大的天神是"什巴",是创世主;中层是人居住的地方;下层是神魔鬼怪凶煞生活的区域,其中掌管自然灾害的叫"念神",另外还有地神等。藏人认为它们与人类的关系非常密切,更给人带来祸福、灾祥、凶吉,千万不能触犯它们。[1] 藏民对自然的敬畏,在生活劳动中处处可见。如藏民在春季开耕之际,固定会举行仪式,他们焚香煨桑,竖起经幡,吟唱颂词,祭祀神灵(主要是土地神)。在春播期间,藏民要穿新衣劳动,以示对土地的敬意。

融合了苯教诸多元素的藏传佛教更是如此,寺庙里那些大大小小面目

---

[1] 彭英全主编:《西藏宗教概说》,西藏人民出版社,2006年版,第34页。

狰狞的神像,以及墙壁上色彩纷呈的地狱凶景的壁画,都会使人联想起青藏高原严酷的环境,尤其是高山峡谷带来的心灵震撼与恐惧。诸多神像青面獠牙、怒目圆睁,手里拿着多件凶器,脚下踩着累累尸骨。他们在藏人族群的审美意识中,代表着巨大威严,以及无所不能的超凡能力和说一不二的震慑力。即使是观世音,在藏传佛教中的形象也是一副凶相(称作"贡保"),是个黑色巨人,手拿头颅,脚踏尸骨,脖挂骷髅项链;负有在西藏振兴佛教使命的第一位藏王聂赤赞普也是一副令人敬畏的面孔,他眼窝深陷,眉毛翠绿,牙齿如螺,手臂似轮。这些宗教大神或被神化的历史人物,正是借助了自然的威力统摄着芸芸众生的灵魂。只要服从和依附这种宗教的威慑,信众就能获得心灵的安宁,从而解脱因对许多事物的未知而造成的心灵恐惧。

在西藏人的眼中,积雪覆盖的群山、飓风横扫的平原、奔腾咆哮的河流、宽阔险峻的峡谷,到处都有狰狞易怒的鬼怪神灵;渺小的人类面对无边无垠的荒凉和浩大狂暴的自然时,会被"巨大"压倒,且对"未知"充满恐惧;藏人世代生活在孤寂和恐惧之中,由恐惧而产生敬畏,由敬畏而升华出神灵鬼怪的图腾,继而通过复杂神秘的礼仪祭祀与膜拜,获得心理上的安宁与解脱。西藏人长期生活在一种惶惶不安的焦虑之中,尤其是遇到疾病、灾难、危险时,人们更是狂热地追寻宗教和避免这一切的办法。[1]

藏人的这种追求表现为宗教的日常生活化。浓厚的宗教色彩首先表现在西藏的民宅上,这是它区别于其他民族住宅的最明显标志。不论是农牧民住宅,还是城镇市民的住宅,以及历史上权贵阶层的官邸,家家户户都设有供佛的经堂,最简单的也设有供案。建筑物平顶的一角设有专门用来煨桑的"松科";一些地区在屋顶插有嘛呢旗;一些地方在院内竖有"古达尔";有的在大门门楣上镶嵌刻制的"十相自在图",有的安放白石,有的放置牦牛头骨或羊头骨;也有在墙外绘制"拥忠"图案的;室内堂屋的中柱是一个家庭的神圣之柱,上面常挂哈达、武器、谷物等类物品,以示

---

[1]图齐等著:《西藏和蒙古的宗教》,天津古籍出版社,1989年版,第219页。

对祖先的崇拜；在内墙及壁柜上还会绘制一些以示吉祥的图案。

  藏民住宅的装饰色彩也极富宗教哲学意味。外墙门窗上伸出的小檐下悬挂着红蓝白三色条形布幔，周围窗套为黑色，屋顶女儿墙的脚线及其转角部位则有红白蓝黄绿五色布条形成的"幢"，在藏族的宗教观念中，这5种颜色分别寓示着红火、白云、蓝天、黄土、绿水，以此来表达吉祥的愿望。屋顶上四角搭建有插放五色旗幡的墙垛，旗幡上印有祈福消灾的经文，每逢新年或节庆这些经幡还要更换。还有以墙体的色彩装饰来表明宗教派别的，如萨迦居民的墙上涂有白色条带，条带上再涂以相同宽度的土红色和深蓝灰色色带，中空为白色，在建筑主体或院墙直角转弯处及较宽的墙面上，还自上而下地用土红色和白色画出色带，以标识该地区信仰的是萨迦派。[1]

  自然的严酷，生活的艰辛，以及人们在大自然面前的无助，使藏人把希望寄托于来世，"来世"构成了西藏宗教的核心部分。藏传佛教主张信众以今世的忍耐与苦行，去修炼来世的正果，以获得幸福。而在崇拜恐惧的宗教基础上，对来世的追求往往体现为现世的自虐式苦修。除去近乎自我摧残的苦行和将生命中的大量时光用于宗教仪式外，藏人还常常将相当部分自身财物奉献给种种繁复的宗教活动，包括建设寺庙、供养僧侣、举行宗教仪式、朝拜或为宗教义务做工等。达赖喇嘛时期的噶厦政府，每年财政收入的92%都消耗于宗教开支。[2] 即使在今天，藏人约三分之一的收入也被送进寺院或消耗于宗教。

  西藏高原的环境注定了藏人不能没有宗教，宗教信仰是他们的生存支柱，而僧侣则是他们的引路者和精神导师，没有这些，严酷的环境、艰辛的生活，会摧毁许多意志薄弱者的神经系统。因此，西藏可以说是世界上宗教信仰最为浓烈或将长久存在的地区之一，而藏人则是最为虔诚的信徒群体。

---

[1]杨环：《试论藏族建筑文化的特殊性》，载《中华文化论坛》，2004年第4期。
[2]王力雄：《与达赖喇嘛对话》，人间出版社，2002年版，第206页。

（四）生产方式

由于青藏高原的地势高，其大部分地区热量不足，海拔4500米以上的地区最热的月份平均温度不足10摄氏度，没有绝对的无霜期，谷物难以成熟，或成熟期长，因此以畜牧业为主。畜牧以耐寒的牦牛、藏绵羊、藏山羊为主。尤其是牦牛，浑身是宝，又可负重，有"高原之舟"的美称。由于青藏高原形成低温的原因不同，加之强烈的太阳辐射和充足的光照时间，大大弥补了海拔高造成的低温对农作物光合作用的不利影响，该地区冬小麦和青稞的单产一直都很高。另一方面，由于昼夜温差大，非常有利于农作物营养物质的积蓄，因此，尽管绝大部分适宜种农作物的地区一年只有一季收获，但仍可保证藏人平时基本的粮食供应。这使得高原民族有着充裕的时间从事宗教活动，不必为一日三餐而常年劳神费力。

冈底斯—念青唐古拉山不仅是高原南北气候、地貌的明显分界线，也是藏区生产方式的明显分界线。这条山脉以北从纳木错向东到青海湖，向西到阿里地区的辽阔广袤的土地是西藏的主要牧业区，粮食作物如青稞、小麦等基本不能成熟。藏区北部的人们世代逐水草而居，创造了具有鲜明地区特色的高原游牧文化。他们居住在典型的用黑色牦牛毛编织而成的拂庐里，生活俭朴，大部分时间用来从事宗教活动。他们对放牧、饲养、生产和利用畜产品有丰富的经验。他们善于管理牧场，将其分成三大季节性牧场——秋季牧场、冬季牧场和春季牧场。夏天，他们将牲畜赶往4500米海拔以上的高原草甸，然后随着季节的变化逐渐往下移动放牧，直至秋季放牧到山脚下。这里的牧场要比上面的牧场茂盛，秋季也是生产奶产品的最好季节，因此，他们会在山脚下安营扎寨，度过严冬。

冈底斯—念青唐古拉山脉以南地区是夹在喜马拉雅山脉之间的雅鲁藏布江河沟平原地带。这里是藏区的主要农业区，粮食作物基本上都能成熟。这一带牧场面积虽然不大，且分割严重，但富含营养，牲畜可产出高质量的肉、毛及黄油。这里也是藏区最主要的政治文化中心。这条山脉以东的横断山区，由于大江大河的切割，山高沟深，农牧交错。河谷地带的生产方式具有垂直分层的特点，上部是牧场，农田主要位于河谷。森林常常位于山腰，人们在那里从事采摘及其他林下经济活动。

在传统的藏区，根据不同的生产方式，藏人被划分为不同的族群。如安多藏区就有"山民"（塘巴）和"平原民"（日巴）之分；稍微往北的木雅地区则有"草人"（巴扎）和"森林人"之分。至于居住在草原地区的牧民，他们在历史上常常被看作不同于其他藏人族群的人种类型，他们被专门称为"牧民"，以示与"藏族人"（蕃巴）相区分。[1]

（五）生活习俗

不同地方的人有不同的生活习俗，且一般都要打上自然环境的烙印。对于生活在青藏高原的西藏人来说，其生活习俗中的自然烙印就更为深刻了。而且，由于地区隔离的因素，藏人传统习俗也带有明显的区域色彩。

服饰。由于自然环境和气候条件，以及生产和生活方式的影响，藏人的服饰多种多样。从地域看，可以分为农区和牧区型，这是藏族服饰的基本类型。按生活方式，可分为农村型与城市型；从身份看，可分为平民、僧人、权贵等类型。但不论哪种类型，藏族服饰的最基本类型是肥腰、长袖、大襟、右衽、长裙、长靴、编发、金银珠玉饰品等。[2] 青藏高原的寒冷气候最终决定了藏民服饰的一个突出特点，即宽体长身、大襟广袖的袍式特点，且材料以皮毛居多，厚重保温、宽大暖和。此外，为适应逐水草而居的牧业生产的流动性，藏民还逐渐形成大襟、束腰，在前胸留出一个突出的空隙，以便外出时存放酥油、糌粑、茶叶、饭碗，甚至还可放置幼儿。由于青藏高原早晚与中午温差很大，因此中午或劳作感到炎热时，可根据需要袒露右臂或双臂，将长袖系于腰间，感到冷的时候再穿上，不必全部脱穿，非常方便。夜晚睡觉时，还能铺一半盖一半，成为一个暖和的大睡袋。[3] 但各地区的藏袍也有其特点，如拉萨的高雅、协调；后藏的质朴、自然；安多的粗犷、厚重；康巴的洒脱、华丽。藏区北部人们世代逐水草而居，穿、

---

[1]石泰安：《西藏的文明》，中国藏学出版社，2005年版，第20—27页。
[2]中国西藏信息网（http://www.chinatibetnews.com/GB/channe 17/46/200208/13/1051.html）。
[3]刘钊、李涛：《藏族服饰的流变与特色》（http://www.tibet-web.com/whyj/t20050523_34010.htm）。

用多以裘皮和毛织品为主。由于长期的封闭性和自然条件限制，自古以来藏族服饰的发展变化不大，有极强的稳定性。高寒气候并受宗教影响，藏人偏爱黑、红等深颜色。绛红色是西藏出家人的专用颜色，一般百姓忌穿这种颜色的衣裙。

饮食。受青藏高原独特环境的影响，藏人的食品虽然花样丰富，但主食来源只有两种，一种是耐寒作物青稞，另一种是耐寒牲畜牦牛。由于青稞可以生长在海拔4500米高的地方，藏区几乎所有的地方都可以种植。青稞又称大麦、元麦，是藏族人制作糌粑的原料。青稞还可以用来制作藏人喜欢喝的青稞酒。

牦牛在高海拔、超严寒地带的超强生存能力是牧民维持自给自足生活的最大保障。牦牛不仅为藏人提供了肉、奶制品、酥油等食品饮料，以及制作衣物鞋帽和帐篷的原料，牦牛粪还可供燃烧，为人们煮饭和取暖。牧民们的部分生活生产用具，如绳、皮袋等也是用牦牛皮制作的。此外，牦牛还是高原的主要交通工具。从文化角度看，在藏族民间，牦牛尤其是白牦牛，是被人们作为神来加以崇拜的。此外，抗寒的山绵羊也是藏族生存物质的主要来源之一。

青藏高原的藏民一般不吃蔬菜，饮食极其单调。由于牛羊肉热量很高，有利于人们御寒，因此，为了保持热量和营养，藏传佛教的僧俗信徒也可以吃肉。

藏人的主食糌粑就是青稞炒面，先将青稞晒干炒熟，然后磨成细面，吃时放在木碗里，倒入少量酥油，用手不断地搅匀，捏成团放进嘴里。糌粑也可以做成稀饭喝，里面放些肉、野菜之类，叫作"土巴"。糌粑吃起来方便，且营养丰富，非常适合西藏高原的游牧生活。同时，糌粑在藏人的宗教祭祀活动中也必不可少。

酥油也是每个藏族人时刻不能少的食品。酥油是从牦牛、羊奶中提炼出来的，有很高的营养价值。藏人，特别是牧民，一般很少吃菜和水果，日常热量除摄取牛羊肉外，便靠酥油了。酥油的吃法很多，主要是打酥油茶喝，也有放在糌粑里调和着吃。逢年过节，藏民也用酥油炸果子——"卡赛"。到寺庙朝拜时，人们常用保温瓶装着酥油去添加灯油。

青藏高原地区牛羊多，奶制品非常丰富，最普遍的是酸奶子和奶渣两种。酸奶子是牛奶经过糖化作用以后的食品，营养更为丰富，也较容易消化。它分为两种，一种是奶酪，藏语叫"达雪"，是用提炼过酥油的奶制作的；另一种是没有提炼过酥油的奶做的，藏语称"俄雪"。奶渣是提炼酥油后剩下的物质，可以做成奶饼、奶块。在煮牛奶的过程中，还可以揭起奶皮，藏语叫"比玛"，它像豆腐皮一样，营养丰富又好吃。奶制品是藏族的重要食品，家居或外出，人们都会携带，大人们常把奶渣给小孩当零食吃。

酥油茶是藏族最主要的饮料。制作时先将砖茶用水久熬成浓汁，然后把浓茶倒入"董莫"（酥油茶桶），再放入酥油和食盐，然后用力将"甲罗"（打酥油茶用的棍子）上下来回抽动几十下，搅得水乳交融，再倒进锅里加热，便成为浓香的酥油茶了。用酥油茶待客是藏族古老的传统。亲人出远门，亲友前来送别，除献上一条洁白的哈达外，还要敬上一碗酥油茶，祝远行者一路平安。酥油茶由于有酥油，能产生很大的热量，喝后能御寒，加之其中的茶能生津止渴，故而是很适合高寒地区的一种饮料。酥油茶富含各种维生素，还可弥补藏人蔬菜的摄入不足，防止嘴唇干裂，帮助消化等。此外，藏人的饮料还有甜茶、青稞酒等。[1]

住宅。在广大藏区，藏牧民的住宅基本以牦牛毛编制的拂庐（帐篷）为主，它非常方便，适合牧民逐水草而居。一般分为布料和牛毛帐篷两种。有方形和椭圆形。睡房一般是长方形，四角用木棍支撑起高约两米的屋顶框架，上面覆盖着黑色牦牛毡毯，四角用牛毛绳牵引，固定在地上，帐篷正面留有宽15厘米左右，长1.5米的缝隙，供采光和通风。帐篷内部用草泥块或土坯垒成高约40～50厘米的矮墙，上面堆放青稞、酥油袋和牛粪，中间置火灶，灶后供佛。这种帐篷制作简单，拆装灵活，运输方便，适合游牧生活。

---

[1]丁玲辉、平措卓玛：《西藏高原茶文化》(http://info.tibet.cn/info/culture/t20050405_22050.htm)。

在农业区,藏族建筑主要是用石材、黏土和木材修建的房屋。城镇人多垒石建房,房屋平顶多窗,造型及色泽质朴,具有浓厚的民族特色。在四川、云南藏区,藏族最具代表性的民居是碉房,它多为石木结构,风格古朴粗犷。外墙向上收缩,依山而建,内坡仍为垂直。具有坚实稳固、结构严密、角楼整齐的特点,既利于防风避寒,又便于御敌防盗。

在色彩方面,藏族最重视红、白两色。这与藏族的宗教信仰和生活环境有直接联系。红色只能用在护法神殿和灵塔殿的外墙上,这是古时候杀生、用热血泼洒"赞尔卡"的做法演变而来。生活、居住性建筑的外墙只能用白色,以体现它吉祥、温和、善良的本性。

第二节 历史及旧西藏概况

一、大历史

西藏文明史总体而言可以分为两大块,即"赞普时代"与"寺院时代"。赞普时代(公元4世纪左右开始)之前为一片混沌的原始社会。赞普时代结束于公元877年,这一年平民起义军攻占琼结,掘吐蕃藏王陵墓,吐蕃王朝彻底崩溃,此后西藏陷于长达400年的"藏卫无法"的分裂割据与战乱动荡时期。这期间,王室后裔各据一方,形成了逻些城(拉萨)地区的拉萨王系、纳里(今阿里)地区布让城(今普兰)的阿里王系、麻域(今印控克什米尔)地区的拉达克王系、亚择(今尼泊尔西部)地区的亚泽王系、雅隆(今西藏东南)地区的雅隆觉阿王系等多个较小的王国。在这些王国内,也都是领主割据,各自为政,不相统属,并常常为各自利益相互侵袭劫掠,大小战争频繁。这种状况一直延续到蒙古国和元帝国征服吐蕃为止。[1]

寺院时代真正开始于1265年萨迦王朝的建立。13世纪初,成吉思汗率蒙古各部落崛起于北方,并逐渐统一了中国内地。此时,成吉思汗的孙

---

[1]叶文宪:《中国国家发展之路:酋邦—部族(民族)国家—领土国家—帝国》(http://www.gongfa.com/yewxzhongguojiafazhan.htm)。

子阔端意识到要统一藏区，就必须利用当地宗教势力。于是，当时在藏区各大教派中影响最大的萨迦派（以后藏的萨迦寺为中心，该寺位于日喀则西南60公里处）遂被"招安归顺"。1265年，在蒙古人的大力扶持下，以萨迦寺为"本钦"（地方政权）的萨迦王朝正式建立，此后其在西藏维持了100年左右的统治。1354年，藏传佛教噶举派的一支帕莫珠巴派（主寺为山南桑日县的丹萨替寺）地方势力攻下萨迦寺，建立起控制西藏大部分地区的帕珠地方政权。自此到1618年，帕珠王朝共传了12代，统治西藏地方264年。1618年，噶举派的另一支噶玛派推翻帕珠王朝，建立起噶玛王朝，但其统治西藏只有24年。1642年，在格鲁派五世达赖喇嘛与四世班禅的力邀下，信奉黄教的蒙古人灭掉了噶玛政权，并确立起格鲁派（以拉萨三大寺——哲蚌、色拉、甘丹为核心）在藏族社会的统治地位，直至1959年拉萨叛乱后十四世达赖喇嘛出走境外。

纵观西藏的历史，不论是赞普时代还是寺院时代，西藏的大历史实际上就是一部宗教护国、政教合一的大历史。

二、社会制度

传统西藏社会赖以生存与运行的支柱是庄园农奴制。传统西藏的农区与半农半牧区遍布大大小小的庄园。庄园归属于不同的领主集团（世俗贵族、拉萨政府、寺院集团），分为贵族庄园、政府庄园、寺院庄园三种。藏区大多数土地（主要指可耕地）和藏民皆被纳入庄园农奴制之中。据统计，农奴占西藏总人口的60%左右。[1] 庄园的最终拥有权归属噶厦政府（西藏地方政府），但三大领主的庄园可世袭。庄园实际上成为三大领主的最主要财源。庄园农奴制的最大功效是：一是维持藏传佛教的生存与繁衍；二是维系噶厦政府的有效运转；三是维系整个基层社会的稳定。作为寺院集团，它主要通过拥有庄园而占有大量土地及农奴，从而保证自己的生存与

---

[1]《关于西藏问题》，人民出版社，1959年版。

繁衍。由于后来活佛转世系统的发明与发展，越来越多的土地都集中到宗教体系手中。作为三大领主之一的拉萨政府，也因拥有大量田地和农奴而获得政府得以运转的巨大财源，政府庄园里的农奴更是政府税费与各种差役的主要来源。更为重要的是，噶厦政府世俗官员（由大贵族把持）基本不领薪水，但出朝为官是该世袭贵族或新封贵族拥有庄园和农奴的前提。政府僧官虽然没有庄园收入，却享有政府薪俸，而很重要一部分薪俸源自政府庄园收入，另一部分则来自庄园农奴的各种税费。总体上，庄园农奴没有人身自由，一切临时脱离土地的活动均需领主批准，一切生老病死、婚丧嫁娶都在领主及其代理人的掌控之下。庄园实际上是传统西藏政权体系中的基层行政组织。庄园主垄断了处理所有地方事务的权力，他们各自为政，盘踞一方。尽管庄园体制减轻了噶厦政府发放官员薪金及维持庞大的寺院复合体的经济负担，但也极大地削弱了拉萨政府的政治权威，贵族集团、寺院集团的权势则因此大幅提升。

在广大牧区，部落头人制比较流行，牧区相对农牧区、半农半牧区，享有更大的政治、经济自主权、自治权，牧民也比农奴拥有更多的人身自由和个人自由。

三、政治体制

民主改革前的藏区实行"政教合一"的政治体制，这不仅表现在作为宗教首领的达赖喇嘛是最高统治者，同时表现在各级政府官员均为僧俗共治。[1] 政府官员的职责是收税、调解纠纷、惩罚犯人，以及在拉萨政府与他们所管理的地区之间发挥联络作用。噶厦官员虽然不领薪水（僧官有一些薪俸），但享有诸多特权，尤其是可以敲诈勒索，巧取豪夺，积聚财富。俗官来自拥有庄园的世袭世俗贵族阶层。噶厦政府规定，每年贵族家庭必须送一名男性成员到噶厦政府供职，否则政府就有权没收其庄园。职位越

---

[1] 马戎：《西藏的人口与社会》，同心出版社，1996年版，第173页。

高,就越能确保本家族世代拥有支撑其显赫贵族地位的物质基础。官职越大,这种保险系数越高。因此,贵族之间争夺官位的斗争非常激烈。[1] 相比之下,寺院集团的社会地位与稳定性就比贵族集团高出许多,这也使得寺院集团成为传统西藏社会最为顽固的保守势力。

僧官基本上从占优势的黄教中产生,且通常来自拉萨近郊的三大寺,招收僧官的做法始于16世纪的五世达赖喇嘛时期,但这些僧官在见解、修习、举止等方面与其他喇嘛僧侣有很大区别,他们往往只是在格鲁派的某个大寺登个记,实际上并不住在寺里,也多不在那里进行艰苦的佛法修习。他们大多数来自拉萨的普通贵族家庭,或是现任僧官的家庭成员。

僧俗共治使得寺院集团,尤其是拉萨三大寺对拉萨政府拥有极大的政策影响力。然而,由于宗教的保守性与形而上性,寺院集团必然与以开放性、求变性、形而下性为特点的世俗力量不断发生冲突。历史上,拉萨三大寺不时挑战拉萨噶厦政府的政治权威,乃至违抗达赖喇嘛的指令。除了僧俗共治制度所确立的很大的政治参与度外,寺院集团还拥有雄厚的经济实力,拥有众多掌握普通信徒上天入地、摆脱轮回钥匙的僧众,甚至拥有不俗的军事力量(1951年三大寺的喇嘛中10%~15%是僧兵,约2.2万人),这些都是造成寺院集团拥有较大政治能量的重要因素。[2]

实际上,从公元10世纪到20世纪初期的大部分政治史中,西藏一直处于不稳定状态,各个教派、各个贵族家庭和权力过渡时期的各个摄政的权力斗争不断,而外部势力的介入,扶持一方,打压一方,令西藏更为动荡。在这种动荡与割据的状态下,藏区难有统一而有效的政治运作机制。

在这种制度安排下,广大农奴、奴隶和游牧民基本被排除在权力结构之外。出于自身之不自由、出于生存之必需以及出于宗教信仰上的虔诚,他们不得不依附于这种政教合一的统治体制。对广大生活在底层的平民、农奴而言,只要不剥夺其宗教信仰,他们对官场政治漠不关心。基于上述

---

[1] Melvyn C.Goldstein. "The Circulation of Estates in Tibet: Reincarnation, Land and Politics", Journal of Asian Studies, Vol. XXXII, No. 3, 1973, pp.452–453.
[2] 陈奎元:《西藏的脚步》,中共中央党校出版社,1999年版,第334页。

原因，加之地理因素的严重阻隔，西藏和平解放之前，藏人族群始终没有形成统一的民族、文化、政治、经济意识。

四、社会阶层

传统的西藏社会分化非常明显，占据上层统治地位的是三大领主，约为西藏总人口的5%，他们是权贵阶层；而广大农奴、游牧民、普通僧侣、流浪民约占人口的95%，基本上是被统治阶级，属于平民阶层。

权贵阶层主要指政府官员、贵族和寺院上层。他们既是旧体制的最大受益者，也是旧体制的最大维护者。有一项统计称，1959年之前，仅现在的西藏自治区所辖藏区就有贵族和大头人634户，寺庙2676座。[1] 贵族基本分为三大类，一类是"亚豁"（yab-gzhis），即前达赖家族，共有6个亚豁家族，包括十四世达赖喇嘛在内。第二类为"第本"（sde-dpon），共有5个家族，他们之所以被封贵，是因为立过赫赫战功，或身为古代藏王之后。第三类为"库扎"（sku-drag），其中拥有土地者被称为"格巴"（ager-pa），约有200个家族，多数从未在政治上起过作用。前两类贵族垄断了贵族所拥有的绝大部分权力，这方面"第本"尤其胜过"亚豁"，亚豁主要受累于达赖喇嘛在世期间其亲属不得进入噶厦这条不成文规则的限制。[2]

权贵阶层中，寺院的势力最大，影响也最强。寺院集团不仅在物质财富方面拥有雄厚的实力，而且还牢牢控制着不分贵贱贫富的民众的精神生活。这种优势注定寺院集团是统治藏区社会的主宰。一方面，寺院集团牢牢掌握着普通信徒上天入地的钥匙。芸芸众生的生老病死、红白喜事都有寺院喇嘛们的参与，寺院势力实际渗透到西藏社会的方方面面，各个角落。另一方面，寺院集团垄断着一切教育，并禁止一切可能质疑甚至挑战其垄

---

[1] 狄方耀、唐水江主编：《伟大的跨越——西藏的民主改革》，西藏人民出版社，1995年版，第26页。
[2] [意]毕达克著，沈卫荣、宋黎明译：《西藏的贵族和政府》，中国藏学出版社，2008年版，第18—21页。

断权威的现世、世俗教育。而寺院教育中首先和最为重要的考量则是宗教利益。寺院集团出于维护其在广大藏区至高无上的地位与特权的目的，坚决反对任何外来影响，在历史上多次竭力阻扰噶厦政府的社会现代化改革尝试。实际上，自1751年西藏被置于达赖喇嘛的政教统治以来，直至1959年拉萨暴动前夕，贵族在某种程度上一直受制于黄教及其各大寺院，处于从属、附庸的地位。

  平民阶层主要由农奴、游牧民组成，还包括众多无家可归的流浪者。庄园农奴分为两种，一种是"差巴"，主要租种领主庄园的土地，又称"差岗地"。他们拥有相对独立的经济生活，这种人在旧西藏为数众多。"差巴"对土地只有使用权，没有所有权。"差巴"不能擅自离开庄园。"差巴"要替庄园主支应政府的差役，还要承担各种极其繁重的劳役。另一种是"堆穷"或小户人家。他们大都在庄园里领种少量的份地，成为领主自营地的主要劳动力。"堆穷"的收获全部归领主所有。有的"堆穷"还租种大差巴户的租地，交实物地租，同时向自己所属的领主交人役税。还有"堆穷"以手工业为生，以手工艺支差，如铁匠、木匠织氆氇，为庄园修农具、家具等。如果凭技艺为生，同样要向领主缴纳役税，实际人身也是不自由的。手工业者的地位很低，被人看不起，尤其是铁匠，被视为贱民。

  少数的"差巴"与"堆穷"完全破产，一无所有，就沦为"朗生"（家奴）、"才约"（终身奴仆）。[1] 他们被领主看作是"会说话的牲口"，可以转让、抵押、变卖，甚至可以夺去他们的生命。由此可见，庄园农奴的等级差别是相当明显的。

  广大牧区的游牧民虽然也有等级差别，但远非庄园农奴那样明显。富裕牧民一般拥有成千上万只羊、数百头牦牛和数十匹马，同时拥有10~20名男女劳动力以及一定数量的奴仆。中产阶层拥有200~400只羊、20~30头牦牛以及5~10匹马，他们也可拥有一两名奴仆。贫穷阶层

---

[1]Melvyn C. Goldstein, Ph. D. Dissertation: An Anthropological Analysis of the Tibetan Political System, University Microfilms, 1968, p.45.

拥有50～100头羊、3～5头牦牛，以及1～2匹马。这些牧民或独自经营自己的畜产，或同时租放富裕牧民的牲畜。他们不论贫富，都拥有自己的财产，而且受剥削程度也比庄园农奴轻，人身依附程度、经济差距也要比庄园里小得多，甚至，普通牧民之间也存在雇佣牧工的现象。

在旧西藏，处于社会最底层的是自由民，也被称作"贱民"。他们主要由那些从事与禁忌职业有关的人组成，如金属工匠、屠夫或背尸者。这些人既不属于任何一个庄园，也不属于任何一个地区。

此外，寺庙里大多数地位低下的贫穷僧侣也属于平民行列。尽管他们与一般平民相比拥有一定的宗教特权与优势，但在寺院社会里，由于他们文化素质较低，且出身贫寒，不得不担负起寺庙内各种各样的沉重劳动。

平民阶层基本上没有政治权利，其晋升上层社会和担任政府职务的机会极为少见，只有极少数农奴出身的僧人，通过向译仓（噶厦政府的主要办事机构之一）申请或由寺庙选送僧官学校学习后，当上了僧官。还有极少数农奴出身但却天分极高的僧侣逐步上升到格贵、主持等上层喇嘛。

西藏社会分层的最大特点是，平民阶层相对安稳，权贵阶层反而相互倾轧。在来世哲学的强大诱惑下，平民阶层并不因为处于利益边缘而躁动不安，甚至揭竿而起。从这点而言，三大权贵阶层并不受到来自下层的明显压力和影响。但权贵阶层因处于利益斗争的旋涡而钩心斗角，并逐渐形成两大利益集团，即寺院集团与官僚集团。虽然两大集团共同分享着庄园农奴制的巨大好处，但以达赖喇嘛为核心的官僚阶层通常与以三大寺为代表的寺院集团存在利益对立与冲突，有时这种利益冲突还异常尖锐。历史上不时出现达赖喇嘛或摄政被寺院势力架空的政治现象，实际上，权贵阶层内部的争斗与倾轧都是旧西藏各种社会冲突根源与矛盾的渊薮。

第三节 西藏分裂问题的由来

所谓的"西藏问题"实质就是"西藏独立"问题，这里的"所谓"意即这本不是个问题。整个"西藏问题"的产生离不开帝国主义的殖民侵略与西藏上层的分裂情结,整个"西藏问题"的国际化则离不开国际反共反华势力的鼓噪,离不开民族分裂势力的嚣张的"藏独"活动。大体以新中国成立为界线,之前"西藏问题"是英国一手策划,之后则是美国制造,由美国中情局在幕后主持。

总之,"西藏问题"的产生离不开三大因素,即帝国主义的殖民扩张、当时中国中央政府的软弱无力以及西藏上层社会的亲帝与分裂心态。三者缺一不可。

一、历史上西藏与中央王朝的关系

公元7世纪初唐朝建立,政治、经济、文化高度繁荣,吐蕃、突厥、回纥、靺鞨等民族也取得了很大的社会进步。松赞干布继任吐蕃赞普后,统一了西藏境内的诸部族,社会发展,文化繁荣,实力迅速增强。唐朝的文成公主与松赞干布联姻后,各民族的许多先进生产技术和文化传入吐蕃,促进了当地的社会进步,也促进了古代藏族的自身发展。此后,历经五代十国、宋辽夏金,藏族与各民族的关系更加紧密。

13世纪,西藏正式纳入元朝中央政府管辖,成为其直接管辖的一个行政区域。元朝将西藏分为3个军政区,设立3个宣慰使司都元帅府(建成宣慰司)分别加以管辖。3名宣慰使均由皇帝任命。元朝对西藏实施了有效的管辖,一是在中央设立管理西藏等事务的机构宣政院。1264年,忽必烈设总制院负责境内佛教事务与西藏地方的政教事务,由国师八思巴掌管。1288年,忽必烈听取八思巴的继任桑哥的建议,将总制院改为宣政院,其与中书省、御史台、枢密院一起成为平行的中央四大机构。二是清查户口。为更好地治理西藏,1260、1268、1287年,元朝中央先后派官员3次赴西藏清查户口,先后查清了乌思藏13万户所属民众的户口,确定赋税的数额;任命万户长;设立了27所驿站;对西藏地方各级官员实行任免、赏罚，八思巴之弟恰那多吉经过忽必烈任命，掌管西藏事务，受封"白兰王"。清查户口为后来完善驿站和建设地方行政体系提供了依据。设立驿站是元朝对西藏地方和其他藏族地区进行有效管理的重要保证之一；同时对加强藏族地区与内地的联系，促进藏族与各兄弟民族之间的经济、文化交流起到了很大作用。宣慰使司都元帅、元帅、万户长等高级官员都必须经宣政院或帝师举荐，由皇帝任命。中央政府还向西藏各教派的一些上层僧人授予宁国公、文国公、国师、三藏国师、灌顶国师等名号。对西藏地方高级官员的处罚也由中央政府直接掌握。1345年，西藏噶举派的一支帕莫珠巴派的第二代喇本降曲坚赞消灭萨迦派政权，元朝承认既成事实，封授降曲坚赞为大司徒，帕莫珠巴政权便成为西藏的地方统治者。

1368年，朱元璋在南京即帝位，建立明朝，继承了元朝的统治，也继承了包括西藏在内的元朝版图。明朝对西藏的管辖主要在三个方面：一是帕莫珠巴政权归顺明朝。1372年，西藏本部摄帝师喃加藏卜前往南京觐见朱元璋，第二年被封授为炽盛佛宝国师。西藏其他地区僧俗首领也竞相归附，在中央政权管辖下治理地方事务。二是设立西藏地方行政和军事机构，任命地方官员。1374年，明朝在河州（今甘肃临夏）设置西安行都指挥使司，下辖河州、朵甘、乌思藏3个卫（明代行政区域）。各级机构的官员均由中央直接册封当地的僧俗首领。三是封西藏各大教派首领。元代独尊萨迦派，明朝则根据有些教派的势力已经超过萨迦派的情况，实行多封众建，使各地方僧俗首领直接受命于朝廷，以达到实行中央集权的目的。中央政府先后赐予西藏各教派首领法王称号，其中最著名的是三大法王和五个王。如噶举派黑帽系第五世噶玛巴活佛得银协巴受封为"大宝法王"，萨迦派首领贡噶扎西受封为"大乘法王"，格鲁派创始人宗喀巴的弟弟释迦益西受封为"大慈法王"。

1644年，清军入关，清朝取代明朝。此时，西藏的局势也发生重大变化。1642年，藏传佛教格鲁派第五世达赖喇嘛阿旺罗桑加措、第四世班禅罗桑确吉坚赞与蒙古和硕特部固始汗一起建立了甘丹颇章政权。1652

年（顺治九年），五世达赖喇嘛应顺治皇帝的邀请，赴北京朝觐。翌年，他返藏途中，被顺治帝册封为"诚顺赞化西天大善自在佛所领天下释教普通瓦赤喇怛喇达赖喇嘛"，并被赐金册金印，自此，"达赖喇嘛"的封号被正式确定下来。此后，历代达赖喇嘛必须经过中央政府册封，遂成定制。清朝对达赖喇嘛的册封，进一步明确了清朝在西藏的主权。1713年（康熙五十二年），清朝派使者进藏，册封第五世班禅罗桑意希为"班禅额尔德尼"，自此，"班禅额尔德尼"的封号也正式确定下来。

18世纪20年代，清朝在西藏设立众噶伦职位管理政务。1727年，清朝开始建立驻藏大臣制度，派遣大臣进藏管理西藏事务。1750年（乾隆十五年），总理西藏事务的郡王珠尔默特那木扎勒阴谋叛乱，被清朝驻藏大臣所杀。1751年，清朝中央政府派四川总督策楞率兵进藏，处理善后事宜，颁发"西藏善后章程十三条"，废除郡王掌政制度，由驻藏大臣和达赖喇嘛共同管理西藏地方，设立噶厦，规定4名噶伦由三俗一僧出任，秉承驻藏大臣和达赖喇嘛的指示，共同处理西藏地方事务。1793年，清朝在派兵击退了尼泊尔侵藏军队之后，制定并颁布了"藏内善后章程二十九条"，在政治、经济、对外关系方面制定了一系列规定，并建立了金瓶掣签制度，规定了达赖喇嘛、班禅以及其他大活佛的转世程序。自此，达赖喇嘛、班禅额尔德尼的转世必须以清朝颁发的金本巴瓶抽签决定，并由驻藏大臣主持坐床典礼，达赖喇嘛和班禅由中央政府决定身份和宗教、政治地位。

1911年，清朝被推翻。1912年，中华民国成立。民国政府宣布"合汉、满、蒙、回、藏诸族为一人，是曰民族之统一"，"合汉、满、蒙、回、藏诸地为一国，是为领土之统一"。《中华民国临时约法》规定"中华民国领土，为二十二省、内外蒙古、西藏、青海"，在中央政府国务院下设蒙藏事务局办理蒙古和西藏事务。1912年在英国人的唆使下，十三世达赖喇嘛发表公告要求藏人驱逐汉人及驻藏大臣，发生了"第一次驱汉事件"。1913年，民国政府恢复达赖喇嘛的"诚顺赞化西天大善自在佛"封号，次年又加封班禅，还从前后藏各选10名代表，分别出任民国参众两院的议员。所有这一切，都说明民国政府时期，国家对西藏地方主权的关系没有改变。1927年，国民政府成立，重申西藏地方为中国领土，设立蒙藏委员会管理西藏地方事务。十三世达赖遣使到南京，向国民政府陈述了西藏的形势，表达了拥护中央的诚意。1931年，十三世达赖喇嘛在南京设立西藏驻京办事处。在1933年十三世达赖喇嘛圆寂以及1937年九世班禅圆寂后，国民政府均派员致祭，批准其转世灵童继位，并派中央代表主持十四世达赖喇嘛和十世班禅的坐床典礼。

1931年，日本帝国主义侵略中国东三省，西藏僧俗民众与内地民众一起，积极投身到抗日救亡运动中去。当年10月，十三世达赖喇嘛驻京总代表贡觉仲尼、九世班禅驻京办事处处长罗桑坚赞在南京成立"康藏旅京同乡抗日救国会"。1932年，十三世达赖喇嘛得知日军即将进攻上海，立即命令各大寺庙僧侣举行诵经法会，为抗战祈祷。抗战开始前后，九世班禅多次公开声讨日本帝国主义，祈祷抗战胜利。抗日战争爆发后，西藏摄政的热振活佛明确表示拥护抗日救国主张，多次带领僧俗群众举行大规模祈祷法会，并积极开展规模空前的捐物捐款活动，以赈济前方抗日将士及难民。

1947年8月，中国人民解放军与国民党军队的战斗正激烈时，西藏发生了"第二次驱汉事件"。当时的英国及印度驻拉萨代表理查逊（Richardson）唆使噶厦政府把国民党政府蒙藏委员会驻拉萨办事处及其他在藏汉人全部赶走，借口是他们中间可能有共产党。国民党政府无暇顾及，只做了无力的抗议。中国共产党认识到问题的严重性，新华社于9月2日发表社论《决不允许外国侵略者吞并中国领土西藏》，严正指出驱汉事件是在英帝国主义及其追随者印度尼赫鲁政府的策划下发动的，声言解放军一定要解放西藏。这是中共首次在西藏问题上表态，并毫不犹豫地把矛头指向了英美印三国。

1949年中华人民共和国成立。当年底中国共产党发表《告前线将士和全国人民书》，将解放西藏列为1950年的重要任务之一，并与西藏分裂势力展开了激烈的斗争。1950年10月，昌都战役，担负着和平解放西藏的人民解放军打死、打伤、俘虏负隅反抗的藏军5700多人（占当时噶厦政府总兵力的三分之一）。推进分裂政策的西藏噶厦政府在向国际社会求援无果的情况下，被迫于1951年4月29日至5月20日与中央政府展开谈判，双方最终签署西藏和平解放的"十七条协议"。1951年9月9日，人民解放军在拉萨举行了庄严的进城仪式。

"十七条协议"规定中央政府掌管西藏的国防、外交，西藏（四川西康藏区除外）原有的制度、达赖喇嘛及各级官员的地位及权势不变，但西藏政府应主动进行改革。当时中央政府推行的是一种温和的渐进政策，旨在营造一种真诚和谐的汉藏关系，减轻西藏上层的担忧，使其真心接受中央政府的政治统一和社会改革政策。但西藏反动上层始终不甘心让广大藏区及藏民众重回祖国大家庭，遂利用康区反叛势力在拉萨策动了1959年的武装叛乱。在国际反华反共势力的推波助澜下，"西藏问题"旋又迅速"国际化"，中央政府奉行的渐进式改良政策终告结束。1959年西藏叛乱被平息后，中央政府当年即在西藏进行民主改革，并获得广大农牧民的热烈欢迎和衷心拥戴。

综上所述，西藏自13世纪正式纳入元朝中央政府管辖以后，从未完全脱离过中央政权的管辖与治理，始终未能完全从中国分裂出去。虽然19世纪末至20世纪初，英印殖民政府对西藏频繁入侵，正值清王朝积贫积弱、中国政治急剧动荡、边疆危机四伏之时，外部怂恿与中央羸弱在这一时期相互作用，致使西藏上层的离心活动愈演愈烈，但一个不争的事实是，即便在中国政局最为动荡的1911~1949年，西藏统治上层维护国家统一的力量始终对分裂势力形成牵制。更为重要的是，即便是在西藏上层"藏独"活动极其猖獗的20世纪40年代末至50年代初，世界上也没有任何国家完全否认中国对藏主权。西藏和平解放60多年来，在中国共产党的领导下，建设事业得到极大的发展，人民的生活发生翻天覆地的变化，西藏作为社会主义祖国大家庭的一员,正在中国和平发展的进程中发挥着前所未有的重要作用。

二、西藏分裂问题的由来

19世纪末至20世纪初,英帝国主义为了达到控制、霸占中国西藏的目的,除了诉诸武力外,还竭力在西藏上层社会宣扬西方民族政治理念,离间西藏地方政府与中央之间的政治关系,且不断利用西藏上层的不满情绪,拉拢收买西藏上层统治集团中的亲英分裂分子策划西藏独立。

英国一直都不承认中国对西藏的主权,只承认中国对西藏拥有"宗主权",虽然只有一字之差,但存在根本区别。"主权"是指一个国家在其领域内拥有最高权力,根据这种权力,国家根据自己的意志决定其内外政策,处理国内外一切事务,不受外来干涉;"宗主权"是指"宗主国家对其藩属国、殖民地享有的支配或统治的权力"。而"宗主国"是指封建时代直接控制藩属国的外交和国防,从而使藩属国处于半独立状态的国家。直到2008年10月,英国外交大臣米利班德发表声明说:近一个世纪以来,英国一直承认西藏是一个独立的实体,现在英国改变了主意,英国已决定承认西藏是中华人民共和国的一部分。他并为英国没有早日表明这样的立场表示歉意。

回顾历史,1600年英国就在印度成立"东印度公司",从事商业活动。1857年,当英国女王从东印度公司手中完全接管印度全境后,英印殖民政府开始把侵略矛头指向喜马拉雅山诸国。1860年英国与尼泊尔签订条约对其加以控制,随后进攻不丹并于1865年与其签订条约,控制了不丹大片领土。此后英国又控制了锡金,并步步北进,觊觎我西藏大片领土。英国处心积虑地想要侵略西藏,首先是为了保护其"女王王冠上的明珠"印度;其次是为了奴役西藏;第三是为了建立从西部侵略中国内地的基地。[1]

1888年,英国人第一次侵入西藏。藏族僧俗群众予以顽强抵抗,但清廷中央腐朽无能,惧怕英人,不敢积极支持西藏人民的抗英斗争,反将积极主张抗战的驻藏大臣撤换,并签订了丧权失地的《中印会议藏印条约》,承认"哲孟雄(即今锡金)由英国一国保护暂理",被迫开放亚东、江孜为商埠等。英国人自此开始在西藏攫取一系列特权。更为重要的是,藏人对清廷"不抵抗政策"的愤懑情绪以及那种"被朝廷出卖"的沮丧感被英国人大加利用。英人乘势唆使西藏上层抛开清廷直接与其接触,商谈双边事宜,但藏人慑于中央权威及对外来势力的本能反感,英国人的图谋此时并未得逞。例如,1899~1901年,英印总督寇松多次写信给十三世达赖喇嘛,要求与西藏直接谈判,缔结划界条约,但均被十三世达赖喇嘛以"不同中国驻藏大臣和大众公所磋商,不得同外国政府进行任何通信"为由拒绝。

西藏上层不愿直接与英"结好"的态度使英殖民者恼羞成怒,寇松决定发动第二次侵藏战争。1903年12月,荣赫鹏率军直入拉萨。这次,英国人以兵临城下之势胁迫西藏地方政府直接与其签订《拉萨条约》。其中的第9条款规定,西藏土地,无论何外国皆不准让卖、租典;西藏一切事宜,无论何外国皆不准干涉;无论何外国皆不准派员或派代理人入藏境;无论何项铁路、道路、电线、矿产或别项权利,均不许各外国或隶各外国籍之人民享受,若允此项权利,则应将相抵之利权或相同之利权一律给予英国政府享受;西藏各进款,或货物或金银钱币等类,皆不许给予各外国或籍隶各外国之人民抵押拨兑。《拉萨条约》大大损害了清政府对西藏事务的主权,显示了英独吞西藏的野心。后在清政府及沙俄(同样出于殖民野心)的抗议与反对下,中英1906年签订了《续订藏印条约》,清政府通过代藏人赔偿英人战争项款、允许在藏英商埠有架设电线通报印度境内的权利等重大让步为代价,客观上否认了西藏地方政府有与外国直接交涉的独立外交权,总算是维护了清朝在藏主权。

[1]徐明旭:《雪山下的丑行——西藏暴乱的来龙去脉》,四川教育出版社,2010年版,第92页。

然而，英国人第二次侵藏战争却留下了不少"藏独"遗患。其一，制造了西藏拥有"独立外交权"之假象。这次英国人抛开清政府，视西藏地方政府为一国际法主体而直接迫其与之签约。清政府虽然后来与英签订了《续订藏印条约》，但却被迫同意将英藏《拉萨条约》作为附约立于其后。"西藏独立"主张者据此认为，清政府变相认可了西藏政府拥有与外国直接签约的"独立外交权"。其二，与俄国人联手否定中国在藏完全主权。《英俄同盟条约》把中国在藏主权史无前例地改称"宗主权"，这为后来许多西方"藏学家"提供了"西藏地位"之争的"历史依据"。其三，"否定中国在藏主权"思想在拉萨统治阶层中有了一定市场。《拉萨条约》是西藏地方政府在孤立无援下被迫订立的屈辱的"城下之盟"，统治阶层遂滋生"中央政府靠不住"的危机感。这种心态被英人适时大加利用、鼓动。部分上层人士开始甘于被英人拉拢，并对《拉萨条约》中有关"无论何外国皆不准干涉""藏人之事只能由藏政府治管"等条款心向往之。此外，十三世达赖喇嘛在京城遭遇的"礼数纠纷"进一步催生了部分拉萨统治阶层的离心倾向。[1]

除了英国外，沙俄也采取巧取的办法染指西藏，派俄国布里亚特蒙古人多吉也夫（德尔智）以学习佛教为名潜入拉萨，多吉也夫成为十三世达赖喇嘛的伺读经师，且深受赏识。德尔智利用黄教经典中关于北方将出现佛法大王的说法，经常向十三世达赖喇嘛灌输俄国沙皇就是佛法大王，只有俄国能帮助西藏对抗英国侵略的思想。十三世达赖喇嘛在1900和1901年两次派他以"西藏特使"的名义，率"西藏代表团"去访问俄国，受到沙皇尼古拉二世的接见。德尔智第一次觐见沙皇时，沙皇送给十三世达赖喇嘛一套东正教的金色法衣，并封其为大主教。第二次谒见沙皇时，德尔智竟与沙皇讨论在彼得堡设立"西藏使馆"问题。沙俄还用驼队穿过新疆向西藏运送了大量的银块、枪支、珠宝给德尔智，用来广泛收买西藏上层。

---

[1]在英国人第二次攻入拉萨前，十三世达赖喇嘛逃往内地，希求清廷支持其返藏，但清廷不仅未给予有力支持，反在觐见光绪帝的礼遇上为难达赖喇嘛，他大为不悦，并最终萌生了背离清廷的"分裂思想"。

同时派遣更多的布里亚特蒙古人潜入拉萨"学佛",扩大德尔智的势力。1904年英国入侵拉萨前夕,德尔智终于说服了十三世达赖喇嘛跟随他去投靠俄国,并在已住在拉萨的70名武装布里亚特人的护卫下逃往外蒙古,但由于俄国刚刚在日俄战争中战败,自顾不暇,结果十三世达赖喇嘛只得接受清朝的安排,先去五台山朝佛,然后去北京觐见皇帝。[1]

"清末治藏新政"。为进一步加强对藏控制,约束统治阶层的离心倾向,清亡前在藏强制推行新政措施,重在将达赖喇嘛的权力转移给驻藏大臣;赵尔丰在康区强力推行"改土归流"(铲除土司权力,任命流动俗官管理)政策。这些"新政"从根本上冲击了西藏统治阶层的特权利益,从而激起了他们的普遍不满乃至强烈反对。结果十三世达赖喇嘛不惜向宿敌英国政府求援。1904年十三世达赖喇嘛在五台山和北京期间,突然与英国驻华公使朱尔典(Jordan)联系,表示愿意与英印殖民当局"诚意修好"。英国人乘虚而入,进一步在西藏上层收买、培植亲英集团。结果,在辛亥革命前夕,原本并无"亲英派"的西藏统治上层逐渐形成了一个亲英分裂小集团。英国人见时机已成熟,便进一步提出帮助藏人建立"自治"以摆脱汉人"不合理"统治的蛊惑性口号。于是,西藏部分上层人物逐渐由"反英反帝"转变为"反汉驱满"、分裂祖国。1909年十三世达赖喇嘛回到西藏后,自恃有英国人做后台,不理睬前来欢迎的驻藏大臣联豫,从而引发此后的一系列冲突,终于发展到十三世达赖逃亡印度,完全投入英国殖民主义的怀抱。1910年,2万名川兵入藏,十三世达赖喇嘛因惊惧而出走印度,并祈求英国驻华代办向清朝外务部抗议(川军入藏),受到清朝严厉反驳。但由于1906年的中英《续订藏印条款》中规定"英国应允不占领西藏,及不干涉西藏一切政治",英国无话可说,只得暂令英印当局严守中立,同时屯兵锡金西藏边境,威胁清军。[2]

"第一次驱汉事件"。正当清朝对西藏的权威达到历史顶峰的时候,辛

---

[1] 徐明旭:《雪山下的丑行——西藏暴乱的来龙去脉》,四川教育出版社,2010年版,第92—93页。
[2] [英]荣赫鹏著,孙煦初译:《英国侵略西藏史》,四川教育出版社,1983年版,第288—297页。

亥革命爆发，清朝的权威轰然倒塌。驻藏川军发生内讧，相互残杀，争夺钱财，乱作一团。这一局势对十三世达赖喇嘛和英国殖民主义者可谓天赐良机。[1]此时，西藏的军事和外交权力实际落在达赖喇嘛和噶厦（西藏地方政府）手上，西藏地方政权基本上游离于混乱的中央政府之外。于是，英国人、西藏上层分裂分子乘势大张旗鼓地闹起了"西藏独立"活动。1912年，西藏地方政府在英国人唆使下，以十三世达赖喇嘛的名义向全藏官民喇嘛颁布了一个具有很大分裂倾向的"驱汉文告"，明示其目的在于"总期西藏全境汉人绝迹"。这个通告后来被一些西方人称作"独立宣言"。[2]结果，在万余名藏兵的围攻下，川兵及驻藏大臣被赶出西藏；西藏上层效忠清廷者逐一遭到清算。1912年12月，两年前出走印度的十三世达赖喇嘛由噶伦堡返藏，并在藏确立了"以英为友"的"外交"政策；同时严密封锁内地入藏的一切路线，要求入藏内地人取道印度，并取得英国驻华使馆签证。达赖喇嘛此举重在割裂西藏与祖国的政治关系，并巩固英印政府对西藏的影响力。

与此同时，十三世达赖喇嘛在布达拉宫召开西藏各界代表会议，讨论与中央政府的关系。西藏各界意见不一，许多官吏、僧侣和民众都不愿脱离中央政府。因为清朝对西藏待遇一向优厚，如从不收税，反而给予财政补贴等。1912年中华民国成立，为了维护国家主权，四川、云南都督奉中华民国大总统袁世凯之命派军进藏，节节胜利。结果，十三世达赖喇嘛又玩起两面手段，一方面组织藏军抵抗川军，继续驱汉；一方面派人通过新疆都督袁大化向北京提出恢复汉藏关系的条件，试图一边用名义上"西藏属于中国"换取中央政府不断提供财政支持，另一边不允许中央政府在西藏驻军设官。英国见势不妙，一边阻止十三世达赖喇嘛与中央政府谈判，一边出面向中国政府进行交涉。1912年8月7日，英国公使朱尔典向中国外交部提出5个条件：中国不得干涉西藏内政；不得改西藏为行省；不

---

[1]徐明旭：《雪山下的丑行——西藏暴乱的来龙去脉》，四川教育出版社，2010年版，第95页。
[2]牙含章：《班禅额尔德尼传》，西藏人民出版社，1987年版，第240页。

得派军驻藏；英国承认中国对西藏的宗主权，要求根据上述订约，并以此作为承认中华民国的条件；订约前封闭一切经印度去西藏的道路。9月7日朱尔典又向中国外交部施压说，如果中国定要派兵进藏，英国当以实力帮助"西藏独立"。

袁世凯一方面下令停止川军进藏，一方面驳斥英国的照会，指出根据1906年与1908年中英两个有关西藏问题的条约，中国有权干预西藏内政，有权派兵进藏，中英无须再订新约，希望英国先于各国承认中华民国。英国当然不会买账。由于袁世凯迫切需要英国的承认和借款，被迫同意举行英国提出的由英国人担任调停人的中英藏"三方会议"，这就是臭名昭著的"西拉姆会议"。英国人的最终目的旨在通过"三方会议"来为"西藏独立"奠定法理基础。

西姆拉会议从1913年10月13日开到1914年7月3日，后因中国代表拒绝正式签字而破裂。其主要议程可分为两大部分，即三方公开交涉和英藏秘密谈判。三方公开交涉主要集中在西藏的政治地位与内外藏划界问题；而英藏秘密谈判则重在谋求建立含西藏、青海、西康等广大地区的"大西藏独立国"，包括秘密议订"新英藏通商章程"和"印藏边界"（即后来的"麦克马洪线"）。英藏秘密谈判是作为英国人推动此次会议的最核心部分。在此次会议中，英人依照沙俄侵略中国蒙古地区的做法（划分内外蒙古、推动外蒙独立），分两步走，将西藏本土与邻近四省藏区划分为"外藏"和"内藏"。"内藏"暂由中国管理，"外藏"中国政府不能干涉，先行自治，但由英国控制。

根据大量史料介绍，当时出席会议的十三世达赖喇嘛的代表夏扎首先要求中英两国同意承认西藏独立，并要求把"大西藏"划入"西藏国"版图。中国代表陈贻范则要求承认西藏是中国不可分割的领土，西藏的国防、外交必须受中国政府控制，西藏的界线必须在清末时达赖喇嘛的实际控制线上。双方的立场针锋相对。英国当时不愿意支持西藏独立，主要是因为1907年的《英俄协议》规定，英俄两国承认中国对西藏的"宗主权"，并相约均不干涉西藏内政。如果英国公开支持西藏独立，必然会引起俄国抗议，影响英俄关系。当时正值第一次世界大战的前夕，英国要拉拢俄国对抗德国，另外英国还担心西藏独立后与俄国结盟，危害英国利益，因此，在英国的压力下，西藏放弃独立诉求。

由于英、藏方面在划分"外藏"时胃口太大，引起新疆、四川、青海、云南等省督巡抚和人民团体的强烈反对，中国政府只得命令陈贻范拒绝在条约上正式签字。但英国与西藏的代表竟然撇开中国政府在条约上签字，并发表声明说该条约对英藏双方都有约束力，只要中国不签字，就不能享受该条约的一切权利。威胁如果中国代表不签字，就连对西藏的"宗主权"都丧失了。

由于中国政府的代表未正式签字，《西拉姆条约》是非法和无效的，尽管如此，它却帮助英国达到了短期目的，西藏实质上成为英国的保护国。英国并不死心，它先用军火接济噶厦政府，唆使藏军趁中国军阀混战之际，从1917年7月至1918年7月攻占了川军控制的昌都地区和西康西部，然后由英国驻华公使朱尔典出面要求北洋政府重开议藏案，并以中国在巴黎和会上的困境相要挟，逼中国承认《西拉姆条约》。从1918年2月至1919年12月，双方反复谈判，懦弱愚昧的北洋军阀已经同意承认对西藏拥有"宗主权"，只是不肯把青海南部与西康西部交给"外藏"去"自治"。1919年"五四运动"爆发后，北洋军阀政府感到心虚，为试探民意，将藏案交涉情况公之于众，结果全国舆论哗然，反对之声高涨，北洋军阀政府不敢再议。1919年12月6日，中国驻英公使施肇基将决定面告英国外交部。英国政府综合考虑形势，认识到不能因为西藏问题危害英国在中国内地的商业利益，朱尔典在同月发表的声明中表示"尊重中国为五族共建之国家"。

《西姆拉条约》从未被历届中国政府所承认。然而，作为英国人勾结西藏上层推动"藏独"的最大政治阴谋，西姆拉会议进一步在西藏权贵阶层中扩大了亲英势力。与之相伴，英国在西藏享有的特权迅速扩大，如派驻军队、设置通讯邮电、建立驿站、派驻外交代表和商务代表、训练军官建立藏军,以及在西藏开办各种学校收买贵族及其子弟等,西藏俨然成英国人的"保护国"。总之,《西姆拉条约》是英国人留下的最大"藏独"遗产。达赖喇嘛及其支持势力一直宣称,《西姆拉条约》标志着"西藏正式独立"的开始,并称至少从那时至1950年,"西藏是独立的"。英国后来还在西藏问题上搞了许多名堂,但都没有像"西拉姆会议"那样猖狂,而且直至印度独立、英国撤退,英国始终未能迫使中国政府承认仅对西藏有"宗主权"。

在这个会议上,英国代表麦克马洪(McMahon)与十三世达赖喇嘛的代表夏扎还背着中国代表签署了两个秘密协定,一个是《英藏贸易条例》,规定西藏给予英印商人治外法权,没有英国同意不得向英印商人征收关税或其他税,这实际上把西藏变成了英国的殖民地;另一个是边界协定,即《麦克马洪线换文备忘录》,把"麦克马洪线"以南约9万平方公里的中国西藏领土划给英属印度。这两个协定充分暴露了英国殖民主义的强盗面目。当时英国答应以帮助"大西藏"取得独立作为回报,后来英国果然一再向中国施压,用武器支援西藏,煽动藏军向西康、青海进攻,但都失败了。

英人策动藏军政变未遂。1920年英军第三次"入藏",一方面继续挑拨西藏与北洋军阀政府的关系,另一方面策动藏军"政变"。1924年,英扶植亲英少壮派藏军,秘密结社,图谋政变以剥夺达赖世俗权力,旨在让亲英势力完全掌控西藏。然而,政变未果。十三世达赖喇嘛幡然悔悟,开始内向以加强与中央联系。1930年,十三世达赖喇嘛曾表示,"吾所最希求者,即中国真正和平统一","都是中国领土,何分尔我","英人对吾确有诱惑之念,但吾知主权不可失"。晚年时的十三世达赖喇嘛逐渐认清了英殖民者的侵略野心,并公开表明"不亲英人,不背中央"的意旨。[1]然而,此时的西藏统治阶层,分裂势力已有一定根基,且尾大不掉。晚年"内向"的十三世达赖喇嘛已对此无能为力。

---

[1] 刘曼卿:《康藏轺征》,商务印书馆,1938年版。

亲英的大扎摄政。1933年十三世达赖喇嘛圆寂后由热振摄政。热振活佛上台后整肃了西藏上层社会的亲英势力,并在一定程度上密切了西藏与中央政府的关系。1940年,蒙藏委员会委员长吴忠信赴藏主持十四世达赖喇嘛坐床仪式,以及热振当选为国民党中央执行委员会委员等,进一步加强了中央与西藏关系。

然而,英国人及亲英分子却对热振的"内向政策"恨之入骨,他们乘热振因各种原因暂时卸任三年(1941~1943)之机,[1]掌控了西藏大权。三年后,亲英派不但拒不让热振复职,反于1947年将其勒死。实际上,1941年大扎活佛摄政即标志着西藏上层亲英势力开始掌控西藏政权。继任热振的大扎摄政是早被英国人笼络的死硬亲英分子。在整个20世纪40年代,西藏政局落入了亲英势力的控制之下。

这期间,在英国人的策划下,西藏上层上演了一系列"藏独"闹剧,如成立"西藏外交局"(1942),出席"泛亚洲会议"(1947)、"西藏商务代表团"走访印、欧、美等,虽然效果有限,但这些"藏独"活动对后来的达赖喇嘛及其政治集团影响颇大,并成为其在国际社会不断搞"藏独"的"重要谈资"。

英国向独立印度转让在藏特权。1947年8月15日,印度正式脱离英国独立后,全盘继承了英国在西藏的殖民利益。此后,四分五裂的英殖民帝国在"西藏问题"上全面后撤。英国在1947年致西藏地方政府的信中声明:西藏和大不列颠业已存在的友好关系将由印度政府予以承袭,这些权利和义务的移交将以现存条约的有关条款为依据。

英国人在制造了西藏"独立或分立问题"半个世纪之后,终因国力衰微而被迫退出"西藏问题"的鼓噪。然而,"西藏问题"并未因英国人的撤出而消失,相反却因美、印的大力支持而继续向前发展演变。而且,英国人很快在"西藏问题"上加入了美国阵营,积极帮扶达赖喇嘛推进"西藏问题"国际化。甚至直至2008年10月,英国政府才正式放弃"中国对

---

[1] [美]梅·戈尔斯坦著,杜永彬译:《喇嘛王国的覆灭》,中国藏学出版社,2005年版,第360—371页。

藏宗主权理论",正式承认中国对藏拥有完全主权。由此可见,英国人在"西藏问题"上的难以释怀程度在国际社会是绝无仅有的。

第四节 建国初期到八十年代西藏的分裂活动

一、建国初期西藏的分裂活动

1949年10月1日,中华人民共和国成立。同日,被十三世达赖喇嘛赶出西藏的九世班禅的转世灵童十世班禅向毛泽东、朱德致电,表示拥护中央政府,希望早日解放西藏。当年底,中央政府发表《告前线将士和全国人民书》,将解放西藏列为1950年的重要任务之一。但早已醉心于"独立"的噶厦政府却负隅顽抗,拒绝回归祖国大家庭,并在国际社会竭力寻求"独立"支持。1950年1月14日,西藏大扎摄政宣布派遣"亲善代表团"去美、英、印度、尼泊尔四国表明"独立",同时派另一个代表团去北京表明"独立"。1月20日,中国外交部官员发表谈话指出,任何国家如果接待西藏的"亲善代表团",都将被认为是对中华人民共和国抱有敌意。他还指出,西藏应该派遣代表团到北京来谈判和平解放西藏问题。在这种情况下,美、英等国碍于国际公法,不得不拒绝接待西藏的"亲善代表团"。噶厦政府准备去北京的代表团则滞留于印度。

但噶厦政府仍不死心,把藏军主力10个"代本"(相当于团)7000~8000人派往昌都,试图凭借金沙江天险抵抗解放军。印度给了藏军1万多支枪。中央政府先派青海、西康的活佛前去西藏劝和,结果甘孜白利寺的活佛格达到达昌都后,被英国间谍、昌都电台台长福特毒死。中央政府于是从10月6日至24日发起了昌都战役,大败藏军,藏军第九代本还宣布起义。这一切发展彻底摧毁噶厦政府的"独立"幻想。

昌都战败令噶厦政府陷入恐慌之中。1950年11月7日,噶厦以"西藏民众大会"的名义,向联合国秘书长递交了一份由印度驻拉萨代表辛哈

（Shinha）起草的"呼吁书"，宣称西藏是个"独立国家"，要求联合国阻止中国的"侵略"。联合国认为除非有个别联合国会员国申请，否则安理会不讨论这一呼吁。11月14日，中美洲国家萨尔瓦多要求联合国大会讨论"西藏遭受外国侵略"问题，11月24日联合国总务委员会讨论这一问题，英国代表称"西藏的法律地位并不明确"，主张"暂缓裁决"。英国持这一立场的原因是，印度独立后，西藏对英国不再有利害关系，英国顾忌自己在香港的利益，不愿得罪新中国。印度代表在接到中国政府严厉驳斥其干涉西藏问题的复照后也决定退却，其代表在联合国也主张暂不讨论西藏问题。大多数国家，包括美国也同意英印的立场。噶厦政府再次给联合国递交呼吁书，并向英印求援，但仍无人理睬，反动的统治上层大为震惊。噶厦政府无计可施，只得一方面派代表去北京谈判，另一方面让年仅15岁、刚刚提前亲政的十四世达赖喇嘛前往靠近印度的亚东，并携带大量金银珠宝，随时准备逃亡印度。

二、噶厦政府与中央政府的谈判

谈判从1951年4月29日在北京举行，部分噶厦代表在途经印度时拜见尼赫鲁，请他指点如何与中国政府谈判。尼赫鲁劝告他们承认西藏是中国的一部分，允许中国政府掌管西藏事务，但力争不让中国在西藏驻军。西藏代表在北京提出如下条件：西藏没有帝国主义的侵略势力，解放军不必进藏；归还西康、青海两省和甘肃、云南藏区；不要听信班禅、热振派的挑拨。中国代表指出，印度在西藏的亚东、江孜有驻军，印度人在西藏享有治外法权和免税免检等商业特权，还在拉萨、日喀则、江孜、吉隆驻军，噶厦政府每年要向尼泊尔进贡1万尼元，并拿出清朝的历史文件，指出中央政府有权在西藏驻军。中国政府还要求西藏代表承认十世班禅，这对企图独霸西藏的达赖喇嘛派是致命的打击，谈判因而中断一个星期，几乎破裂。噶厦代表认为九世班禅圆寂后，从青海、西康、西藏等地找了三个灵童候选人，但至今未经中央政府确认。但后来班禅的行辕秘书长拿出了1949年中华民国代总统李宗仁签发"封文"。李宗仁发文后，随即派蒙藏委员会委员长关吉玉去青海，于8月10日在青海塔尔寺与青海省主席马步芳一起主持了班禅的坐床仪式，并且有达赖喇嘛驻南京办事处代表参加。中央政府代表还表示，将来西藏军政委员会的首脑肯定是达赖喇嘛，这才使噶厦代表面面相觑，无言以对。

1951年5月20日，双方在中南海勤政殿签署《中央人民政府和西藏地方政府关于和平解放西藏办法的协议》(通称《十七条协议》)。在亚东的达赖喇嘛等人听到这一消息时，顿时乱作一团。美国驻印大使韩德逊 (L.Henderson) 劝告达赖喇嘛否决《十七条协议》，逃亡国外领导西藏境内的反抗运动，并再次向联合国呼吁，他保证美国将给予支持。但其个人的口头保证难以令人相信。印度也曾向中国政府承诺，劝告达赖喇嘛不要流亡印度，如果流亡只能给予难民身份，而非"流亡政府领袖"。这使达赖喇嘛大为失望。7月7日至10日在亚东举行的民众大会进行了激烈的辩论，多数人对放弃庄园流亡他国的前景不寒而栗，而主张回拉萨。藏独派还进行了占卜，神谕也要求达赖喇嘛回拉萨，结果达赖喇嘛于8月17日回到拉萨。9月9日，解放军先头部队抵达拉萨，举行了威严的进城仪式，上万民众围观，噶厦政府也不得不派人欢迎。在此情况下，噶厦政府于9月24日至26日再次在拉萨举行"民众大会"，听取了从北京回来的西藏代表对《十七条协议》进行的详细的说明，经过激烈辩论，决定接受这一协定。10月24日，达赖喇嘛给毛主席致电，正式接受《十七条协议》。

《十七条协议》规定中央政府掌管西藏的国防、外交，西藏原有制度、达赖喇嘛及各级官员的地位与权力不变，西藏上层仍可以过以前的生活，这是达赖喇嘛与噶厦政府能够接受它的主要原因。"十七条"也规定，中央不强迫西藏进行各方面的改革，但西藏地方政府应自动进行改革，人民提出改革要求时，将采取与西藏领导人商量的办法解决。尽管其中没有说明改革的内涵，但鉴于当时在内地进行的土地改革，达赖喇嘛和西藏上层都感到这像一把悬在头上的"达摩克利斯之剑",随时都可能落下,因此千方百计地阻扰和延迟改革。

此后,中国政府又先后于1954年和1956年分别同印度、尼泊尔签订了有关协定,取消了它们在藏的诸如驻军等严重侵害我主权的治外法权,折价买回了印度控制的邮电企业和驿站,收回中国主权。

1956年,随着西藏自治区筹备委员会的成立,中国政府一度在西藏有较大的发展,成立了各类行政机构,设立了卫生院、兽医站、邮局、贸易公司、粮站、气象站等,多达406个,有汉族干部职工1.7万余人,藏族干部职工1.2万余人,全年开支1.8亿元。中央为了贯彻慎重稳进的方针,还大力收缩、撤销机构,精减人员,到1957年秋,西藏的汉族干部职工仅剩2000多人,解放军也只有1.3万余人,中央政府兑现承诺的诚意明显。1959年之前,中国政府还修通了新藏、青藏和川藏公路,使内地与西藏的交通大为改观。

当时中央政府推行的西藏政策是一种温和的渐进政策,旨在营造一种热诚的汉藏关系,减轻西藏上层的种种担忧,使其真心实意地回归祖国怀抱以及进行社会改革。为此中央政府努力保持与达赖喇嘛和西藏上层的关系,迟迟不去收编藏军,不在西藏强行推行社会主义改造,对藏独势力的挑衅一再忍让。在不受《十七条协议》约束的四川藏区(原西康省)进行的民主改革,引发了血腥的反叛。遭到人民解放军的打击后,西康暴乱者与叛军涌入拉萨,成为1959年叛乱的重要动因。此时,西藏统治上层既存在着根深蒂固的分裂势力,又存在着更为顽固的反对任何社会变革的保守势力,加之又有境外美国的鼓励与支持,于是,西藏统治上层与康区叛匪同流合污,于1959年3月在拉萨掀起武装叛乱。

三、1959年西藏叛乱与平叛战斗

1956年初,西藏分裂主义分子在康巴地区举行大规模武装叛乱,以

破坏民主改革。同时境内外的西藏分裂势力极力劝说达赖喇嘛出走境外从事分裂活动。同年11月下旬，达赖出席在印度举行的"释迦牟尼涅槃2500周年纪念大会"时，境外的分裂势力又乘机试图迫使达赖喇嘛滞留在噶伦堡从事"藏独"活动。1957年1月达赖访问加尔各答时，夏格巴等境外西藏分裂势力又企图用汽车劫持达赖喇嘛到美国领事馆，逼迫其流亡印度搞分裂活动。后在周恩来总理两赴印度苦口婆心、晓以利害的劝说之下，达赖喇嘛才从印返回拉萨。1958年，西藏境内外分裂势力再次在美蒋特务的支持下，以噶伦堡为基地，建立反动组织，出版反动刊物，鼓吹西藏独立，全面策划拉萨武装叛乱。

1959年3月10日，达赖喇嘛表示要到西藏军区看戏，有关部门也做了妥善安排。西藏分裂势力认为这是一个裹胁达赖喇嘛制造叛乱的重大机遇。10日早上，受蛊惑的3000多藏人包围了达赖喇嘛居住的罗布林卡，阻止他去军区看戏，声称军区要绑架他、毒死他。聚集在罗布林卡门前的叛乱分子当场打死一名僧官，他是时任西藏自治区筹备委员会委员（全国政协副主席帕巴拉·格列朗杰的哥哥）的帕巴拉·索朗加错，他的尸体被持枪的康巴人拴在马尾巴上，头着地拖着在拉萨的大街上示众。另外还打伤了一位藏族军官，即西藏军区副司令桑颇·才旺仁增。当天，噶厦官员、叛军头目在罗布林卡开会，宣布"西藏独立"。当时在拉萨的解放军只有1000多人，而叛军有7000多人，敌我力量悬殊。因此，毛泽东3月11日做出指示："西藏工委目前的策略，应是军事上采取守势，政治上采取攻势，目的是分化上层，争取尽可能多的人站在我们一边；教育下层，准备群众条件。如果达赖及其一群逃走时，我军一概不要阻拦，无论去山南、去印度，让他们去。"同时，解放军总参谋部指示西藏军区："在敌人向我们进攻之前，应严守自卫立场，不先打第一枪，以争取政治主动。"

3月19日，西藏军区政委谭冠三预感到叛军进攻就在旦夕，便制定了主动出击的作战方案，上报中央军委，却迟迟得不到答复。20日凌晨4点后，全城枪炮声大作，叛军开始向军区大院进攻，军区电台却发生故障，告急电报发不出去，中央来电也无法接收。中央军委不得不从邮电系统发加急电报，称"按原计划办，不动"。上午8点，情况越来越紧急，谭冠三当机立断，先斩后奏，下令全面出击，各部队按照预定方案，先用大炮轰击俯瞰军区大院的全市制高点药王山。下午2点开始用大炮轰击叛军指挥部与大本营罗布林卡，晚8点攻占罗布林卡。然后用装甲车堵住拉萨市区各路口，分片扫清叛军，22日凌晨开始，大昭寺、布达拉宫、郊外三大寺的叛军相继投降，仅30个小时，拉萨叛乱就平息了。全面反击开始6小时后，收到国防部长彭德怀签发的电文，说由于兵力悬殊，不同意主动出击，要他们就地死守，缩小防区，等内地增援。谭冠三立刻电复称反击已经开始。军委立即复电称完全同意反击。战斗结束后，谭冠三要求处分，中央却复电表扬，表示因拉萨之战取得战果，故免于处分。

解放军之所以能在兵力悬殊的情况下迅速取得战斗的胜利，主要有以下原因。一是叛军素质极差。他们缺乏训练，并相互倾轧、争权夺利，缺乏统一指挥，军纪涣散，无斗争意志，一遇失败就丢盔弃甲，望风而逃。此后，解放军在广大藏区又用3年时间将叛军基本肃清，6年时间则彻底肃清。二是解放军进藏8年，既未触动各阶层的既得利益，且纪律严明、买卖公平、尊重宗教、乐于助人等，给广大藏族民众留下了很好的印象，认为"红汉人"并不像宣传的那样是青面獠牙的魔鬼。此次西藏全区有9万人参加叛乱，其中42.8%投降，6万藏人跟随达赖喇嘛出逃西藏，在境外继续从事分裂活动至今。在整个平叛过程中，不少中上层藏族人士认清形势，顾全大局，始终与中央政府合作，还积极帮助平叛，如后来成为中央领导人的班禅额尔德尼、阿沛·阿旺晋美、帕巴拉·格列朗杰等。

四、中央提前实行民主改革

既然噶厦政府撕毁了《十七条协议》，中国政府便开始废除农奴制，实行民主改造。1959年6月至7月，西藏自治区筹备委员会在班禅喇嘛主持下召开了第二次全体会议，通过了《西藏全区进行民主改革的决议》。同年9月，筹委会召开第三次全体会议，通过了《关于废除封建农奴主土地所有制，实行农民土地所有制的规定》，正式开始民主改革。中央政府的政策是：在农区，对叛乱领主及其代理人的土地实行谁种谁收；反叛乱，反乌拉（差役），反人身奴役，减租减息；划定阶级，分配土地。对叛乱领主及其代理人的土地、牲畜、房屋、财物全部没收，平分给全体农奴、奴隶、农奴主及其代理人。对未参加叛乱的领主及其代理人，由中央政府出钱将其生产资料赎买下来，平分给所有人，赎金由政府分期分批付给，并请他们中的头面人物到政府、人大、政协去任职。在牧区，对叛乱领主及其代理人的牲畜实行"谁放牧归谁"，对未参加叛乱牧主不没收、不分畜、不斗争、不戴帽。在寺庙，清查叛乱分子，开展反叛乱、反人身奴役、反封建特权等运动，成立寺庙民主管理委员会，由贫苦喇嘛当权，对被视为农奴主的"上层喇嘛"进行专政。对其中未叛乱而又拥护改革的头面人物请其到政府部门任职。叛乱领主发放的高利贷一律作废，未叛乱领主1958年之前发放的高利贷也一律作废，乌拉也全部作废，政府工作组到庄园去发动农奴与奴隶"倒苦水、挖穷根"斗争大会。农牧民有了自己的土地、畜牧和牧场，生产积极性空前高涨，农牧业连续6年大丰收。

五、20世纪80年代以来中央的西藏政策

在60年代中期至70年代末的"文化大革命"中，红卫兵带领藏人捣毁了除布达拉宫等8个著名寺庙外的所有寺庙，以"社会主义改造"为名，收回了农牧民在平叛中分到的土地、牲畜，并于1974年在西藏95%的乡办起人民公社。"文化大革命"使广大藏民既失去了民主改革的果实，又失去了传统宗教的安慰，许多人因受到政治迫害以及生活水平下降而产生不满情绪。1976年中国结束"文革动乱"，在全国范围内开展"拨乱反正"工作。中央政府大幅度调查对藏政策，一方面拨乱反正、落实政策，另一

方面采取更加怀柔、开放的治藏政策。1978～1979 年,西藏全部释放了当年叛乱参加者,平反了"文化大革命"中的冤假错案,允许流亡藏人回国省亲。此外,中央政府在西藏全面落实宗教政策,使藏民重新焕发了过去 20 年间逐渐淡化的宗教热情。到 80 年代中期,西藏自治区和四省藏区的宗教设施及宗教活动恢复到相当繁荣的程度,甚至超过"文革"之前的状况。

正是在这一背景下,中央政府向达赖喇嘛发出接触信号。1977 年 5 月 1 日,人大常委会副委员长阿沛·阿旺晋美会见日本新闻代表团时说:"欢迎达赖和他的追随者回到祖国的怀抱","我们党的政策是一贯的,爱国不分先后"。经历了 60 年代末以来近 10 年寂寞流亡生涯的达赖喇嘛敏感地捕捉到这一信息,并很快给予回应。1977 年 8 月,达赖喇嘛在给《亚洲华尔街日报》写的一篇文章中表示:"如果 600 万藏民真正幸福,我们将准备返回西藏,接受中国准备给予我们的地位。"1978 年 5 月,达赖喇嘛在接受《旁观者》记者采访时说:"如果北京邀请我访问西藏的部分地区,我将乐意接受","如果耳闻目睹到西藏人民的幸福生活,我将放弃西藏独立的要求"。1978 年,刚刚接过"中国舵轮"的邓小平在接受美联社访问时表达了愿意与达赖喇嘛进行对话的信息:"达赖可以回来,但他要作为中国公民","我们的要求只有一个——爱国,而且我们提出爱国不分先后"。1979 年 2 月 28 日达赖喇嘛的二哥嘉乐顿珠应邀到达北京,3 月 12 日受到邓小平的接见,邓小平表示:"除独立外,什么都可以谈。"此后,达赖喇嘛方面与中央政府开始了频繁的互动。1979 年 8 月至 1985 年 7 月,中央政府共接待了达赖喇嘛方面 4 批"事实调查团",以及 2 批亲属参观团。达赖喇嘛在国外的亲戚几乎都曾回国探亲参观,足迹遍及所有藏区。中央政府还于 1981 年 7 月、1982 年 4 月、1984 年 10 月先后与达赖喇嘛派出的 3 个"三人代表团"进行接谈。

这一系列友善活动体现了中央政府的宽容大度,但也产生了一些负面影响。当时"文化大革命"刚刚结束,藏人心中的积怨仍较深,思想也非常杂乱,此时迎请达赖喇嘛亲友纷纷回藏参观,复苏了藏人心中久被压抑或沉睡十几年的宗教感情。"参观团"在藏活动期间每每受到藏民的夹道欢迎,甚至出现了万人空巷的场面,这极大地刺激了达赖及其集团的"藏独"神经,无异于给已成"冷战孤儿"的达赖及其集团打了一剂强心针。于是,达赖喇嘛的亲友团借"考察",到藏区一方面兜售"藏独"思想,甚至在公开场面煽动"藏独"情绪;另一方面大肆收集西藏社会阴暗面、"文革"期间中央及地方政府某些极左路线造成的负面影响,并加之夸大,出境后对中央政府进行丑化宣传。他们还一再声称,要以其"考察事实"为基础与中央政府进行谈判。达赖喇嘛本人也摆出游戏态度,1980年表示尽快回国,至迟不过1985年,但后来以"时机不宜"为由取消回国探访。达赖喇嘛及其集团自认为民心在他们一边,自认为中央政府失去了藏区民心,开始谋划更大的"藏独"阴谋。同时,由于受1979年霍梅尼宗教革命在伊朗获得成功的启发,达赖喇嘛也决定利用宗教搞乱藏区,伺机"独立"。

达赖喇嘛方面的种种"藏独"盘算以及藏区出现的种种"反常"现象终于使中央政府认识到问题的严重性,并从中吸取教训,开始重新考虑对藏政策。尤其是从藏民对达赖喇嘛回国代表的热情上,中央体会到过去西藏政策的最主要问题是,中央的治藏政策虽然终将主权稳定下来,但未能消除导致社会不稳定的贫穷问题,藏民的经济生活水平没有多少提高,社会主义制度并没有给广大农牧民带来真正的"换了人间"的感觉。于是,1980年3月14日至15日,中央政府召开了"第一次西藏工作会议",要求尽一切可能发展经济,提高藏民生活水平,并给了了西藏极其优惠的政策,包括取消阶级与阶级斗争;厚待旧西藏上层;让农牧民休养生息;并对藏民大量提干、招工、加薪、增加福利;大力提高藏族生活水平;修复寺庙,落实宗教政策;大力繁荣西藏文化;大力提高教育水平;大力发展医疗卫生事业;给予巨额财政补贴等。1984年中央又召开了"第二次西藏工作座谈会",这次座谈会进一步明确了以经济建设为中心、以发展促稳定的治藏方略。例如，第二次西藏工作座谈会中央确定了43项重大工程；1994年第三次西藏工作座谈会又上马了62项工程；2000年西藏纳入"西部大开发"中，实施跳跃式发展；2001年第四次西藏工作座谈会，将这种输血扩散到广大农牧区，关注民生工程、高原适用型工程；2010年第五次西藏工作座谈会则进一步将平衡各藏区的经济与社会发展作为新的治藏政策。显然，中央政府一直有意通过大规模的财政补贴，即大量"输血"，为所有藏区打下"造血机制"的坚实基础，并由此实现"跨越式发展"。

第五节 境外达赖分裂势力的活动及其发展

一、流亡藏人状况及其组织机构

从1959年至1960年初藏人大批出走至今，生活在境外的流亡藏人约15万人，主要分布在南亚次大陆（也称印度次大陆）北部山区以及南部的德干高原地带，他们绝大多数生活在印度（占80%左右）、尼泊尔、不丹这些传统上深受藏传佛教影响的国家。南亚次大陆的地理环境明显区别于青藏高原，北部高山区重峦叠嶂，山势险峻，地形上与青藏高原有相似之处，但气候有差别。南部的高原区与中部狭长的平原区则是与青藏高原完全不同的地形地貌，这里大部分地区海拔不到2000米，河流纵横，土地肥沃，农业发达。气候更是与青藏高原迥然不同，全年大部分时间里炎热潮湿。这使习惯于家乡寒冷而清新空气的藏人感到非常不习惯，加之水蛭蚊虫的叮咬、热浪的袭击，许多藏人极易患肺结核、霍乱、疟疾等疾病。

流亡藏人最初主要安扎在北部靠近喜马拉雅山麓东部一带，当时在阿萨姆地区建立了两个大的临时安扎营地，一个在密萨马里，一个在布扎杜尔，临时搭建了几十个大房屋，每间房屋里住几十人，结果由于生病等原因，许多儿童和成年人死亡。1962年中印爆发边境冲突后，出于国家安全考虑，印度将大部分流亡藏人安置到印度内地，主要是闷热的德干高原。除了自然条件外，南亚次大陆丰富多彩的民族宗教、风土人情、思维方式、政党行为、人种面相、饮食习惯等都与青藏高原有较大不同。尤其是广大流亡藏人生活的地区，佛教的影响非常微弱，几近虚无，这种文化差异使笃信佛教的流亡藏人感到非常不方便。其中尤其令他们感到痛苦的是，缺乏藏传佛教的设施和服务，人死后甚至不能经过宗教洗礼和喇嘛的超度。藏人认为死后若不进行超度，就不能按照正确的方向顺利投胎转世，这被看作是对亡人的不尊敬，是残酷无情和极为恶劣的。

达赖喇嘛及其追随者在境外继续从事分裂活动。流亡后，达赖喇嘛很快在流亡社会构筑起流亡权力架构。1960年5月，达赖将大本营迁至气候环境更像西藏的达兰萨拉。当年夏天达赖喇嘛促成流亡藏人举行了第一次"选举"，组成伪人代会，以作为达赖喇嘛领导下的"最高立法机构"。当年9月2日，达赖喇嘛在达兰萨拉召开第一届伪人代会，正式成立"流亡政府"（藏语叫"岗钦吉雄"）。伪人代会还公布了"宪法"草案。1963年3月10日，伪人代会正式通过"流亡宪法"，规定达赖喇嘛为政教领袖，实施一元化领导。尽管搞了选举，但选举结果显示，这仍是传统权力结构的延续，因为选出的不论是"流亡政府"官员还是伪人代会代表，基本都是旧式权贵，包括过去的大喇嘛、大贵族以及来自康区、安多的部落头人、土司等。自此，达赖喇嘛及其集团走上了有组织的分裂祖国的道路，千方百计地为其重返西藏进行统治打基础、做准备。

迄今，达赖喇嘛已在境外建立起庞大而复杂的"流亡"政治体系。尤其是近20年来，达赖喇嘛大力推动流亡政治体系的"民主化进程"，以期在国际社会捞取更多的"民主红利"。从第十届到第十二届"流亡政府"（1993~2001），噶厦成员逐渐不再由达赖任命，而是由达赖提出14名以上候选人名单，然后经由"流亡议会"通过投票选举组成。噶厦也由向达赖负责逐渐变为向伪人代会负责。从2001年第十三届"流亡政府"（2001~2006）开始，首席噶伦由流亡藏人直接选举产生，达赖喇嘛不再提出内阁候选人名单，内阁完全由"民选"的首席噶伦提名（须获得"流亡议会"通过），噶伦开始直接向选民负责。流亡藏人实现了由被动参政向主动参政的转变。达赖流亡机构的"民主化进程"在欧美社会为其赢得了强有力的政治支持，达赖及其集团本身也期待将这一民主改革模式随着达赖喇嘛的回归而移植中国藏区。

达赖方面不仅在套用西方的民主机制的基础上建立了"三权分立"的管理模式，而且培养了一批"藏独"社团组织，其中"西藏青年会"（简称"藏青会"）和"西藏妇女会"（简称"藏妇会"）在推进藏人政治进展中扮演着极为重要的角色。

"藏青会"是在达赖喇嘛的授意下于1970年10月7日成立的，其主要成员是"西藏流亡政府"官员。达赖喇嘛及其"流亡政府"资助这个组织成立的核心宗旨，就是打破流亡藏人传统的地区和传统教派观念与界限，"谋求体现藏族青年的民族精神，实现西藏独立"。"藏青会"甫一建立，即迅速在南亚及欧洲流亡藏人的各个主要居住区建立起分会。据不完全统计，目前"藏青会"已经有81个分会，成员3万余名，遍布世界各地流亡藏人的居住地。目前，"藏青会"是流亡藏人八大非政府组织中规模最大的组织，其成员大多为在境外成长的藏族青年以及历年外逃的青年藏人，年轻人占80%以上，平均年龄不到30岁，绝大多数具有大学或以上文化。由于成员年富力强，且深受西方文化影响，"藏独"信念坚定，"藏青会"目前已经是流亡藏人社群组织中最激进、最坚定也最活跃的"藏独"骨干，其中不乏"暴力革命"的主张者。"藏青会"的成立，大大提高了流亡藏人对"藏独"活动的参与度，推进了"西藏问题"的国际化程度，其活动已经成为达赖集团干扰我国国际活动以及不断向我国施加"促谈"压力的主要手段之一。

"藏妇会"则由一群流亡的贵族妇女于1984年12月在达兰萨拉成立，其宗旨是争取所有藏族妇女的政治地位，提升藏族妇女的福利和经济地位，实质也是一个政治性组织。"藏妇会"的成立系"藏青会"一手策划，这也是两个组织每每沆瀣一气、共同举行各种"藏独"活动的原因。如今"藏妇会"在流亡藏人中的影响与规模仅次于"藏青会",成员 6000 多人,设有 52 个地方分支机构,仅在印度就有 27 个分支机构。

这两个组织的最大特点就是触角深入流亡社区基层,几乎每个稍微大一些的流亡藏人定居点都有他们的分会。他们连同其他流亡藏人的组织,实际上是把所有流亡社区网络了起来。这些组织通过开展各类政治活动不断培植流亡藏人的政治认同意识,大搞"藏独"活动。

流亡藏人激进组织遍地开花。20 世纪 90 年代以来,"藏青会""藏妇会""国际西藏运动""自由西藏学生组织"等在欧美广设机构。"藏青会""藏妇会"约一半分支机构建在欧美,而达赖喇嘛国际后援组织更是集中在欧美设点布局。始建于 1994 年的"自由西藏学生组织"(总部在纽约)如今已在 35 个国家建立了 650 多个分支机构,集中在欧美大中院校;1988 年成立的"国际西藏运动"(总部在华盛顿)目前已在世界 160 多个国家和地区设有分支机构,成员 10 万余名。另外,国际社会——主要是欧美社会还有 380 余个国际"援藏"组织,间接、直接地支持着各种形式的"藏独"活动。

"西藏流亡政府"驻外办事机构遍布五大洲。迄今为止,它已在澳大利亚、法、英、匈、美、印度、日本、尼泊尔、俄罗斯、瑞士、南非、中国台北建立了 15 个"驻外办事机构",这些办事处和流亡藏人的"藏独"组织又与近千个国际援藏组织密切互动,在国际社会把"西藏问题"搞得沸沸扬扬,推动世界各国以及欧盟、联合国在"西藏问题"上给予关注并支持达赖喇嘛,向中国政府施加压力。

二、达赖在国际上的分裂活动

西藏分裂势力为达到目的,一向在国际上寻求支援。1947 年 10 月,为阻止中国人民解放军解放西藏,曾派出所谓"西藏贸易考察团"到英、美从事争取国际社会支持"藏独"的活动。英国、美国不经中国政府认可,给该考察团发了签证。该考察团在途经印度时，受到印度总理尼赫鲁的接见。从欧美返回时，印度外交部又派人到车站迎接。但当时"西藏问题"只在英国和英属印度、尼泊尔、锡金，以及美国、缅甸等几个国家被人知晓。1959年西藏上层发动"藏独"叛乱，达赖逃亡印度后，又有数万藏区民众追随他出逃境外，引起联合国和国际社会的普遍关注。

20世纪60年代，达赖喇嘛寄希望于爆发第三次世界大战，好在"洋枪洋炮"掩护下返回西藏。1961年，达赖方面重建了被我人民解放军在1959年叛乱中击溃的"四水六岗卫教军"，达赖喇嘛还授予原"四水六岗"头目贡布扎西扎萨军衔（相当于将军），令其收罗外逃残匪和青壮年，送往尼泊尔木斯塘（与西藏接壤），接受美国武器装备和军事训练。这些残匪起初规模为1800人，两年后扩充为3200人，并在瓦弄冲古拉建立第二个基地。"卫教军"在此期间，一面派人接受美国中情局的特殊军事培训，一面组织机动小分队在美国空军的支援下，回窜西藏进行袭扰破坏。那些接受完美国中情局特殊军事训练的残匪再由美国人空投到西藏进行游击战。虽然"卫教军"对藏区的袭扰破坏持续了十多年，但到1968年，由于驻藏解放军在各区域加强了军事控制，残匪再难开展有效的"游击活动"。除武装袭扰外，"卫教军"还在印方的指令下派遣在美国受训人员深入藏区搜集情报和进行实地调查。1964～1967年间，共有25支小分队潜入西藏，沿整个边境线开展情报刺探活动。由于人民防线发挥了很大作用，"卫教军"的情报刺探活动基本都失败了。因为"卫教军"迟迟不能在境内藏区建立"武装据点"，美印在60年代后期转而支持"印藏特种边境部队"，逐渐取代"卫教军"继续对藏区进行武装袭扰与情报刺探活动。

"印藏特种边境部队"是1962年印度政府伙同美国中情局利用外逃藏人组建起来的武装力量。1959年达赖喇嘛出走印度后，他二哥嘉乐顿珠即呼吁印度把藏人训练成能在西藏境内开展武装斗争的人员。但印方一直对此予以拒绝。然而，1962年中印边界冲突的爆发和印军溃败，以及美国军援的抵达，促使印度决定成立一支既能"保卫印度边界"，又能深入藏区开展"抵抗运动"的军事力量。1963年3月10日，印度人与达赖喇嘛宣布"印藏特种边境部队"正式成立。该部队成立之初，其经费、装备、教练与培训均由美国负责。该部队隶属于印度内政部，现有81个连队，其中藏人连队69个、廓尔喀连队12个，实力约1万人，规模相当于印度陆军师的建制。其总部设在新德里，建制司令部设在距北方邦达拉顿市以北100公里以外的恰克拉塔，在多个地区都有训练基地。目前，"印藏特种边境部队"不仅在喜马拉雅山地区安置高灵敏度的侦察设备监视中国军队的动向，还经常对藏区实施有限的越境侦查活动。

20世纪60年代，达赖喇嘛在南亚之外国际社会的"藏独"活动主要是寻求联合国干预。在美国及其盟友（主要是"东南亚条约组织"成员泰国、菲律宾、马来西亚等）的操纵下，1959、1960和1965年，联合国分别以国际法学家委员会的3个中国人权调查报告为基础，通过了有关西藏的第1353号、1723号和2079号决议案，对中国政府在西藏实行的平叛改革等进行攻击，声称"西藏人民有自决权"，要求中国政府顺应西藏人民的呼声。达赖方面深受鼓舞，1960年1月5日，达赖喇嘛还致信美国国务卿，感谢美国在联合国"对西藏事业的大力支持"。1968年达赖喇嘛在接受法国电视台采访时叫嚷"西藏的独立是西藏人民与生俱来、不可剥夺的权力"。这一时期，达赖喇嘛及其"流亡政府"的活动地盘仅限于南亚，达赖喇嘛只是在1967年9月和11月先后应日本和泰国"佛教协会"的邀请前去进行宗教活动。

20世纪70年代初，随着中美关系及国际格局的大转变，"西藏问题"国际化进程戛然而止，达赖喇嘛及其集团沦落为"冷战孤儿"，处境孤立，成为这一时期美国与中国"结好"的弃子。

这一阶段，美国对达赖喇嘛的"外交"活动颇为冷淡。1971年，美国拒绝达赖喇嘛的访问要求，中情局也停止了对流亡藏人的军事支持，关闭了其在木斯塘的武装基地，美方各种援助也大体停止。1972年尼克松访华后，"印藏特种边境部队"转由印度陆军全面接管。1973年，达赖喇嘛申请入美做私人访问，但被尼克松政府拒签。1974年，尼泊尔政府歼灭了流亡藏人残匪武装"四水六岗卫教军"。1977年，卡特打着"人权至上"的竞选纲领登上美国总统宝座后，达赖喇嘛再度萌生访美念头，但直到1979年9月他才终于以宗教领袖身份如愿以偿访问了美国。但这时美国政府，包括国会议员根本未把他放在眼里。此外，联合国驻尼泊尔"难民事务高级专员公署"等援助组织相继撤销，原来支持达赖的国家也大多与其断绝关系。整个70年代，达赖喇嘛及其集团实际上陷入孤立无援的困境，其"藏独"活动市场也大为缩小和冷清。这一时期达赖喇嘛很少外出，只是在1973年窜访了欧洲11国、1979年窜访了瑞士与美国、苏联、蒙古。这两年窜访主要是传经弘法，各国将其活动严格限制在"宗教领域"，所到之处没有会见任何政要，也没有民众追随。

美国对达赖方面的支持削弱，以及中国在联合国恢复合法席位，并成为安理会五个常任理事国之一，使达赖及其集团认识到，除从中央政府赢得更多自治外别无选择。1971年以后，达赖喇嘛的态度发生重大变化，由高调追求"藏独"转而强调"600万藏民的福祉"。达赖喇嘛同时还希望与中央政府保持"密切接触，坦陈观点，努力理解对方，并达成双方都满意的解决办法"。

但在中央积极与达赖派出的代表团进行接谈时，达赖喇嘛方面却出尔反尔、阳奉阴违，利用藏民的宗教热情以及"文革"期间中央及地方政府极左路线的错误大做文章，置中央诚意于不顾，大玩对话游戏，大搞"藏独"活动。他们的代表团除以考察参观的名义大搞"藏独"活动外，还不时煽动藏族民众的不满情绪，在参观过程中对围观群众发表煽动性演讲，高呼"藏独"口号。1980年7月29日，西藏自治区人民政府不得不中断代表团参观，并限其提前6天离境。此外，达赖方面还借助中央政府搞改革开放、拨乱反正之际，抓住中央有关领导的讲话不放，向中央大谈对话条件，不愿意接受中央的政治安排。例如，达赖"三人代表团"先后于1981和1984年向中央提出建立"大藏区"的要求。达赖方面还反复宣称，今后要以"调查的事实"为谈判基础。

当达赖方面的政治企图被中央政府识破并中止了此一阶段的政治接触后，达赖方面反应强烈，并从1987年开始，加紧了策划藏区骚乱和"西藏问题"国际化进程。

20世纪80年代末期，达赖喇嘛在国际上的窜访活动明显增多。从1979～1986年期间，他共访问了18个国家、27国次，几乎每年都有出访安排。尽管他所到之处均以谈论佛法为主，但仍使一度沉寂的"西藏问题"开始引起国际社会的关注。值得一提的是，这时美国又开始关心"西藏问题"。在美国的反华势力，特别是议会中的反华分子的不断鼓噪下，美国成为达赖窜访最多的国家，达赖喇嘛于1979、1981和1985年三度访美。但这几次访问，美国政府要员仍拒绝会见，以维护中美友好关系的基本面。

达赖方面在80年代中期到90年代中期（1987～1996）陡然加快"西藏问题"国际化步伐，同时频繁策动藏区骚乱，以期使"西藏问题"引起国际社会更广泛的关注。这一时期，欧美及达赖集团均对西方的"和平演变"策略在苏联与东欧地区取得极大成功感到欢欣鼓舞，尤其是波罗的海三国由"自治"到"独立"的成功演变，更是激活了达赖喇嘛压抑已久的"藏独"神经。此外，中国发生"六四事件"后，国际反华势力空前猖獗，加之中央政府中断与达赖喇嘛接谈所产生的强烈刺激，一时间，达赖喇嘛的境内外"藏独"活动以及西方国家政府对其的支持活动甚嚣尘上。

这一时期，达赖喇嘛开始频繁窜访，并在国际场合大肆宣扬"西藏问题"，募集国际支持，推动"西藏问题"国际化。从1987～1994年间，达赖喇嘛共窜访53个国家、119国次。尤其是1990～1994年间，达赖窜访了49个国家、100国次，远远超过前30年窜访的总和。其中95%以上是欧美国家。不仅如此，自1991年以来，达赖喇嘛窜访期间开始频频得到所在国领导人的接见，其国际活动的政治属性日益明显。这期间，达赖喇嘛首次在国际社会公开其"藏独纲领"，以期争取国际社会的大力支持。达赖喇嘛先后于1987年和1988年在美国和法国抛出其所谓"和平建议"，企图"挟洋人自重",以其"变相独立"方案解决"西藏问题",这是达赖喇嘛推动"西藏问题"国际化的最大动作。

1987年9月21日,达赖喇嘛在美国国会的人权会议上提出"五点和平计划",即"整个西藏(大藏区)成为一个和平区;中国放弃向西藏移民的政策;尊重西藏人民的基本人权和民主自由;中国不再把西藏当作生产核武器和倾倒核废料的场所;真正开始就西藏未来的地位进行谈判"。1988年6月15日,达赖喇嘛在法国斯特拉斯堡欧洲议会大厅举行的记者会上进一步抛出七条具体建议:(1)"西藏应该成为一个由它自己支配的民主的政治实体,同中华人民共和国保持'联盟'关系;(2)中国掌握西藏的外交、国防大权,但西藏政府可在国外设立宗教、文化等多方面的外交办事处,全权处理商业、教育、文化、宗教、旅游、科学、体育等非政治性事务;(3)西藏政府加入世界人权宣言;(4)西藏政府应由全民投票选出执行首脑、对财政立法和独立的司法体系组成;(5)西藏的经济、社会体制应根据西藏人民的意愿来决定";(6)西藏禁止核武器或其他武器的制造、实验、储存,以及核能的利用;(7)应该召开地区和平会议来保证西藏通过非军事化而成为和平圣地。这些建议实质上就是要求中央政府给予西藏一种半独立地位。此后,达赖喇嘛方面还相继出笼了"大自治""过渡政府"等变相独立概念。

这期间,达赖喇嘛及其集团对"西藏独立"的前景尤为兴奋。尤其是1989~1991年,发生了中国的"六四风波"、达赖喇嘛获"诺贝尔和平奖"、东欧剧变、波罗的海国家由"自治"走向"独立"、苏联解体等一系列变化,使达赖集团似乎看到了"西藏独立"的曙光,态度也日趋强硬。1989年十世班禅圆寂后,中央政府诚意邀请达赖喇嘛回国祭奠,有意重启双方"接谈"。但被"西藏独立"前景迷惑的达赖喇嘛执迷不悟,拒绝中央邀请,执意寻求"西藏独立"。1991年达赖喇嘛在英国活动期间发表声明,撤销1988年"斯特拉斯堡和平倡议",重提"西藏独立"。当年10月,达赖喇嘛发动了"国际西藏年"活动,西藏流亡者组织"西藏之家"在全球36

个国家举行了60场活动。1992年达赖喇嘛在接受《印度斯坦时报》记者采访时公然承认"麦克马洪线"是印藏间的国际边界，坚持称当年西拉姆会议上"西藏是作为一个独立国家同英国签署该条约的"。达赖喇嘛还多次声称，自己对西藏独立充满信心，"要不了三四年，西藏就会成为一个自由国家"。1993年8月，达赖喇嘛单方面宣布停止与中央政府的所有接触。

这期间及以后，"西藏问题"成为欧美对华"和平演变"和人权外交的重要部分。以美国为首的西方国家开始在"西藏问题"上以人权为幌子，频繁干涉中国内政。

在20世纪80年代末，达赖集团还频繁煽动藏区"闹事"。1987～1996年，藏区出现大大小小120余次政治骚乱事件，整个藏区陷入自1956～1959年以来首度大规模骚乱。其中规模最大的几起骚乱集中发生在1987～1989年间。不可否认的是，这一时期藏区的重大骚乱主要是达赖及其分裂集团与境内保守势力、分裂势力相应策动的结果，是对达赖喇嘛提出"变相独立"的"五点和平计划"的策应和支持。实际上，达赖方面早在1986年就加紧策划境内藏人"闹事"，包括"藏青会"第六届代表大会、"藏妇会"第一次工作委员会会议、"西藏独立运动"研讨会、"流亡政府"双年会等，它们共同的议题都是"要为争取西藏独立采取具体行动"，要"发动境内600万藏人起来反抗中国暴政"。达赖喇嘛在1987年的"3·10"讲话中，也或明或暗地煽动闹事。当年4月，达赖喇嘛在达兰萨拉召开高层骨干会议，分析国内国际形势，总结30年来"藏独"活动成效不大的经验教训，并最终拟定在境内进行分裂活动，尤其是在影响大的地方组织游行示威、制造混乱的计划。随后，"藏青会"多次派人潜入拉萨，与其在境内的"接应"共同密谋制造动乱。同样，1989年3月的拉萨暴乱更是隐藏着很深的内外互动背景。尤其值得注意的是，达赖及其集团在拉萨每次暴乱后都要在境外发表一系列讲话，鼓动境内藏人继续闹事，结果中央政府被迫下令在拉萨实行戒严。此外，欧洲议会和美国在这期间出台了一系列"涉藏决议"，也对境内藏区的骚乱起到了推波助澜的作用。

20世纪90年代到2008年"3·14"事件之前,达赖喇嘛及其流亡政权体系进一步加快"西藏问题"国际化步伐,募集国际社会对我施加"促谈"高压,导致这一阶段国际社会对"西藏问题"的支持更加理直气壮。同时,针对境内,达赖喇嘛开始主张最大限度地保存实力,并以推行"宗教民族一体化"为重点进行分裂活动。

随着我国综合国力的上升、国际地位的提高,达赖方面大幅调整"藏独"策略,明显淡化"藏独"色彩。达赖喇嘛更为频繁的窜访活动日益"去政治化""人文化",且"大走群众路线",推进"西藏问题"在欧美的"草根化"。这期间,达赖及其集团在国际社会到处展示其"和平使者"的姿态,高举谈判牌,大谈"保护人权"、保护藏宗教文化与民族特性、保护环境等非政治性问题,一再公开表示"不寻求独立,只是寻求真正的自治",反复恳请国际社会、西方政府向我施压,迫使我与其举行实质性对话。与此同时,达赖喇嘛利用其"宗教领袖"的金字招牌,抓住西方社会现代人的精神空虚,在国际社会讲经布法、广收弟子,在西方社会培植支持"西藏问题"的民意基础。达赖喇嘛每次窜访都要深入欧美基层,与欧美社会直接对话,并在公开演讲中不断引入现代世俗元素和西方社会关注的问题,大谈"人权、环境、气候、文化"等非政治性议题,以及"人类的快乐艺术"等慰藉心灵的话题,展现其"人文关怀",树立其"人类救世主"及"人类道德引导者"形象。达赖方面的策略在西方社会产生了一定作用,"西藏问题"日益引起西方民众的广泛关注。在西方社会,达赖喇嘛的人气甚至超过了已故的保罗二世。这期间,达赖喇嘛每年窜访十五六次,流亡藏人权力机构的"流亡官员"也开始频频窜访国际社会。

同时,达赖方面还通过"接谈"兜售其"大藏区高度自治"主张。围绕"接谈",达赖方面在国际社会不断募集支持,每次国际窜访都要求对象向北京施压,促使北京在"接谈"问题上取得突破,实质就是接受达赖方面的要价。从2002年开始,先后进行了8次接触商谈,在2008年奥运会后的"接谈"中,达赖方面更是提出了"大藏区真正自治"的备忘录,其多年来谋求"藏区独立"的政治立场没有根本性变化。

针对境内,一方面要求寺庙保存"有生力量",另一方面利用达赖喇嘛"征占民心",使达赖喇嘛、宗教、民族三位一体,发动群众。具体措施有:(1)宣扬宗教民族一体化,加强以宗教区别民族身份的观念,强化民族主义的排他心理,强化"藏独"和"自治"意识。90年代以来,达赖喇嘛几乎每年都要在境外举行大法会,吸引境内信教民众出境听经、朝拜,接受达赖喇嘛的摸顶。达赖方面还通过在藏民中大量散发传单、照片、语录等音像制品,宣传达赖喇嘛,进行宗教渗透。达赖方面还利用境外认定的活佛操纵境内寺庙,笼络信教群众。(2)加强对青少年的西藏民族主义教育,灌输"藏独"思想,欲为其分裂活动培养接班人。对境外的学校加大建设力度与资金投入,以优厚的条件吸引境内的藏族学生。每年都有上千人到达赖集团所办的学校学习。

三、80年代末以来西藏发生的重大暴力事件

达赖喇嘛在国际社会上的分裂活动,鼓舞了西藏的分裂主义分子,80年代末,西藏发生了一系列严重的骚乱。1987年10月1日,拉萨发生火烧派出所、造成多人死伤的严重暴力事件。当天早上数百名西藏人像往常一样聚集在大昭寺前面的广场上,人群熙熙攘攘。突然,随着扩音器的声音,40多名喇嘛每人手持一面"雪山狮子旗",从大昭寺走出来,口中高喊反对中共在西藏的口号。警察立即行动,逮捕了这些人,带入附近的派出所。很快就有数百名藏人聚集到门口,一阵阵狂风暴雨般的石块砸向派出所。100多名配枪警察赶来支援,双方僵持数小时,形势愈加紧张。藏人开始焚烧派出所四周的车子,不久派出所也着火了,随后警察鸣枪示警,人群顿时少了一半。藏人还把守在大昭寺房顶,殴打拍摄暴乱情形的中国便衣警察,并砸烂摄影器材。暴乱持续了好几个小时。事后中国政府发表公告说,这次骚乱造成6人死亡,19名公安人员受重伤。

当时西藏的形势是与美国以及达赖喇嘛的反华活动相互呼应的。1987年9月21日，达赖喇嘛在美国参众两院发表演说，抛出著名的"五点和平计划"，要求中国政府从西藏撤军。8名美国国会议员对其表示支持，并联合写信给中国总理赵紫阳向他施压。9月24日，中国政府在拉萨的西藏体育馆举行一场公审大会，判处8人监禁，2人死刑。许多西藏人认为这是中国政府对达赖访美的回应。9月27日，大昭寺广场发生26名喇嘛手持雪山狮子旗围绕大昭寺游行并高喊"西藏独立"口号的事件。结果不到一星期，再次发生更为严重的派出所被烧事件。

1988年3月5日，再次发生大闹大昭寺事件。1988年藏历新年期间，自治区政府照常在大昭寺举行传召大法会。法会最后一天有"迎强巴"活动，在轰轰的祈祷声中，突然有100多名僧侣高举拳头高喊"西藏要独立、自由"的口号，接着一阵石头砸向大昭寺附近的警察。随后数百名喇嘛开始移动，许多藏人也加入其中，多达几千人，他们朝着警察和电视采访车扔石头，19部警车匆匆赶到现场，用催泪瓦斯驱散人群，200多名喇嘛被逮捕。很多汉族人开的铺子被抢烧。此次事件造成了4人死亡，其中有一名武警战士、一名喇嘛、两名群众。受伤的武警公安干警有300多人、群众100多人。

1989年3月10日是西藏叛乱30周年，3月5日至7日再次发生了严重骚乱。2月8日清晨，大昭寺顶上升起一面钉在木板上的"雪山狮子旗"。武警战士奉命进寺摘取，但寺庙门紧闭，门后站着手持木棍的喇嘛。自治区民族宗教委员会出面劝解后，大昭寺的喇嘛才在当天深夜把这面旗拿了下来。3月5日中午，有喇嘛尼姑在八廓街游行并用石头攻击派出所，参与游行的有数千人，围观者上万。参与者集中攻击八廓街与北京路上的机关、学校与商店，特别是汉族个体户。事后统计，共有24个政府机关学校、99家商店等被攻击或遭到破坏，20多辆汽车、50多辆摩托车和自行车等被砸烧。工商管理局的档案在骚乱中全部被焚烧。政府决定3月8日在拉萨实施戒严。实施戒严前，当骚乱者进攻重要机关时，武警曾朝天开枪，有子弹打中远处楼上的一个瞭望者。当有骚乱者用小口径步枪向武警开枪，打死一名武警班长、打伤三名武警战士时，武警破例还击，结果打死16名藏人，许多骚乱者被逮捕。达赖喇嘛马上谴责中国政府侵犯人权，镇压"和平示威者"。欧洲议会和美国国会也发表决议，谴责中国政府侵犯人权、镇压"和平示威者"。

实际上，从1987年到1996年的十年间，藏区尤其是西藏自治区进入了第二个骚乱期。这十年间，在西藏自治区，大大小小的骚乱多达120起。绝大部分系寺庙反动势力所策动。为此，从1996年之后，中央政府进一步调整治藏政策，从过去的以经促稳到推进"寺庙治理与发展藏区"双管齐下。这一政策效果明显。1996～2008年，藏区基本上相对平稳，没有出现大的骚乱。

然而，2008年春，正当全国人民沉浸在迎接奥运会的喜悦之中时，西藏爆发了震惊中外的"3·14"暴乱事件。与20世纪80年代末至90年代中期的骚乱相比，这次骚乱规模更大，血腥程度更甚。

这次事件是达赖喇嘛方面有组织有计划策动的新一波藏区暴乱事件，其目的在于否定我"在藏统治合法性"，并继续引领国际社会对"西藏问题"的关注以及对中央政府施加强大"促谈"压力。2008年既是中国改革开放30周年，也是北京奥运会举办之年，全世界都在关注中国。此时，达赖方面在藏区闹事显然企图收取"事半功倍的效果"。

2008年1月4日，达赖方面五大"藏独"组织（"藏青会""藏妇会""印度自由西藏学生组织""九·十·三""西藏民主党"）正式在100多个网站上发出"西藏人民大起义"倡议书。1月25日，五大"藏独"组织在新德里召开记者会，对外正式抛出其发动"西藏人民大起义"的计划。为实施"西藏人民大起义运动"，"藏青会"等组织分别于2月15日至17日、3月6日至8日在印度举办了两期培训班，由"西藏人民议会"副议长甲日·卓玛、"藏青会"主席次旺仁增等授课，宣讲"西藏人民大起义运动"的宗旨和目的，以及如何开展"和平挺进"并"闯关入藏"。先后有270

人参加了培训。

从3月10日，一系列"藏独"事件开始上演。达赖喇嘛在达兰萨拉的"3·10"讲话中称，中国政府"过去几年对境内藏人的镇压更是变本加厉"，"造成人权横遭践踏，宗教信仰自由被限制"。"流亡政府"首席噶伦桑东3月10召集"安全部""宗教与文化部""外交与新闻部""财政部"等各部门负责人会议，决定支持境内暴动。3月10日，"藏青会"等"藏独"组织举行了"和平挺进西藏行动"启程仪式，从印度达兰萨拉出发向西藏行进，后被印度警方阻止。"藏青会"此后陆续组织了6次"挺进"行动，都被印警中断。与此同时，达赖集团"藏独"组织及国际援"藏独"组织不断暴力冲击我驻印度和尼泊尔使馆。

拉萨"3·14"事件爆发后，达赖喇嘛及其集团进一步煽风点火。"流亡政府"首席噶伦桑东当天立即召开紧急会议，研究如何指挥藏人将此次"革命成果"进一步扩大，要求予以全力支持。会议对"流亡政府""安全部""宗教与文化部""外交与新闻部""财政部"等各部门的工作进行了部署。为进一步加强对"大起义行动"的指挥和协调，"流亡政府"和伪议会还于3月17日成立"紧急营救西藏特别高层委员会"，要求"藏青会"等听从达赖的旨意，听从"高层委员会"的统一指挥，以及设法将参与西藏闹事的骨干转移到达兰萨拉，并将公开闹事活动转为暗中的"宗教"活动，继续和中共对抗。3月22日，"流亡政府"就"西藏人民大起义运动"发表致境内外全体藏人的声明，坚称"这次发生在西藏的和平起义非常伟大、光荣，且具有历史意义，充分显示了西藏民族的精神与勇气"，"为了我们藏人应得的幸福，要按照我们伟大的政教领袖达赖喇嘛做出的指示行事"。在境外分裂势力以及境内不法势力的相互激荡之下，"3·14"事件逐渐延烧至拉萨之外的藏区。从3月10日至3月底，西藏、四川、青海、甘肃四个藏区发生打、砸、抢、烧事件90余起，闹事过程中，有18人死亡（其中有4名武警战士牺牲），594人受伤，数千间房屋、店铺被烧毁。

然而，"3·14"并没有如达赖喇嘛方面所期望的那样，实现藏区的"改天换日"。但境外"藏独"势力并不死心。自 2009 年以来，又开始通过宗教渗透的途径变相鼓动境内藏民尤其是僧众"自焚"，以种种变相暴恐的手段来完成"3·14"事件未能完成的大任，即搞乱藏区，并迫使中央政府在达赖方面所提的政治条件的基础上进行接谈,解决"大藏区真正自治"问题。2009 年 2 月以来藏区陆续出现的自焚现象与达赖集团的宣扬与变相鼓励有密切关系。例如，2012 年 1 月达赖喇嘛在印度主持大法会期间，两度会见境内信众，赞扬境内藏人的"赤诚和勇气"，鼓吹"行动比祈祷更重要"，"真理的力量总是强于枪杆子的力量"。法会期间，"流亡藏人政权"政治负责人洛桑孙根以及前负责人桑东、伪人代会会长边巴次仁、"藏青会"主席次旺仁增等也多次对听法信众进行煽动性演讲。境内每发生一起自焚事件，达兰萨拉都要为自焚者立碑、赐福、颂赞。

四、达赖分裂活动加剧的原因和恶劣影响

经过长达半个世纪，尤其是自冷战结束以来的长期经营，在欧美及印度"挺藏"势力的帮衬之下，达赖喇嘛及其流亡集团在"西藏问题"上拥有较强的国际话语权，并继而拥有了很大的国际生存空间。欧美社会在"西藏问题"上几乎"一边倒"地相信达赖喇嘛的说辞，"一边倒"地支持甚至参与"挺藏"活动。结果，本质上是分裂主权的"西藏问题"在国际社会日益被视为世界观问题、价值观问题，尤其细化为涉及"民主""自由""民族""宗教""人权""文化"，甚至"环保"等问题。

达赖喇嘛之所以能从"冷战孤儿"变身为"国际宠儿"，"西藏问题"之所以能成为欧美干扰中国和平崛起战略的得力工具，主要是欧美认定"西藏问题"蕴含着巨大的意识形态价值以及国家间的利益冲突，而达赖喇嘛及其政治集团的主动迎合则为欧美利用"西藏问题"对我推行西化、分化战略提供了极大便利。达赖及其集团的主动迎合之所以能够成功，主要在于其在"西藏问题"上拥有强大的国际话语权。

（一）流亡藏人在"西藏问题"上抢夺国际话语权

"西藏问题"能在国际社会拥有如此广阔的生存空间，与达赖及其集团冷战后不遗余力地抢占、争夺国际话语权密不可分。

借势促进与西方社会"良性互动"。冷战的结束使得美欧对中国的战略需求出现明显变化，"西藏问题"经过近20年的冷寂重新浮出水面。自20世纪80年代末期以来，国际格局剧烈变化，欧美对华政策的出发点由借助中国抗衡苏联转变成针对中国本身，即对中国进行和平演变、软性遏制。在此情况下，达赖喇嘛及其流亡政治势力在欧美社会迅速大行其道，成为欧美对华人权外交战略的最重要"棋子"之一。尤其是围绕"西藏问题"，西方日渐形成了支持、同情达赖喇嘛的新语境。达赖喇嘛与欧美为首的国际社会间的互动也因此日益频密且日趋"良性"。

冷战后，"西藏问题"在国际议程中的地位上升；出现了西方主导的新话语环境；通信技术大发展，沟通模式大改变，近十年以远程通信和互联网为代表的新通信技术迅速普及，这在客观上有利于边缘和弱势群体以平等地位参与话语竞争。而达赖喇嘛及其流亡政治势力敏锐地捕捉到了这些变化，利用西方话语、技术和沟通方式包装自己，迅速融入西方话语圈，从而获得国际话语权。"西藏问题"也因之"水涨船高"，成为一个西方社会"人见人爱"的"问题"。

借力造势，抬升自身影响力。达赖喇嘛深知其与中国政府实力对比悬殊，因此冷战结束后采取了两大重要战略举措——"借力"与"造力"，以提高自身实力。此举不成比例地扩大了达赖喇嘛及"西藏问题"的国际影响。所谓"借力"，即借他人之力，主要是借西方之力。据统计，截至2008年8月，达赖喇嘛窜访共计310次，足迹遍及全球。其中窜访美国与欧洲国家最多，美国37次（1997年以来几乎每年两次）、德国31次、瑞士19次、意大利20次、法国20次、英国16次、日本16次。可见达赖喇嘛对西方之重视。若非达赖喇嘛仰仗欧美社会超强的综合实力，其所推动的"西藏问题"绝难有今天的影响力。所谓"造力"，即制造软实力以弥补硬实力的不足。西藏流亡政府偏居印度达兰萨拉,硬实力发展空间极其有限,因此独辟蹊径,在软实力建设上投入大量资源。具体而言,达赖喇嘛及其流亡政治势力主要围绕"话语""话语人"和"平台"三大部分进行"借力造势",以"适当的话语"精心包装"西藏问题"。他们对话语的选择和使用,实质上是重新定义"西藏问题",赋予其新的意义和价值,以重构公众对"西藏问题"的认知框架。达赖喇嘛主要依托人权、民主、非暴力、环保等当代最强势话语,包装"西藏问题",募集国际社会对"西藏问题"的关切与支持。

以"人权"为例,通过对达赖喇嘛最重要喉舌"西藏之声"网站文章的样本分析可发现,在 2010 年 3 月 1 日至 31 日网站刊载的 136 篇文章中,抨击中国人权的文章为 33 篇,占 24.3%。可以说,在涉华人权问题上,达赖喇嘛及其支持势力的选材标准、报道角度和报道方式与西方媒体非常接近。不但如此,"藏独"势力已具备在人权问题上通过制造事件、协调媒体,从而制造和引导议题的能力。[1]

再以"民主"为例,达赖喇嘛以西方民主模式不断推进"流亡政治架构"的"民主化"进程在很大程度上也为其赢得了欧美社会的广泛支持。

而环保这一话语的选择更彰显出达赖及其政治势力精于利用国际新兴话语来推进"西藏问题"的意识与能力。1985 年前,流亡藏人的环境意识根本不存在。同样,在达赖喇嘛公开发表的讲话、访谈与文章中,也是直到 1986 年才涉及环保、绿色西藏话题。[2] 实际上佛教经典有关环保的教义几乎是空白。然而,为了迎合 80 年代以来西方发达社会对环保问题的高度重视,流亡藏人精英、流亡当局千方百计从藏传佛教挖掘出"环保

---

[1] 这在2008年8月8日的北京奥运会前后表现非常明显。在当年3月14日,西藏发生暴乱,与此同时藏区信息迅速外传,全球藏人纷纷游行示威,达赖喇嘛和"藏独"要人纷纷公开讲话。从时间和组织程度上看,很难相信"藏独"势力对此事先毫无准备。在奥运会期间,在北京又发生多起"藏独"势力"挂旗"、示威等活动,活动皆旨在抗议中国对西藏的"镇压",这些活动通过事先联系好的媒体记者而迅速传播,造成与活动规模极其不成比例的影响。

[2]Toni Huber & Christchurch, "Green Tibetans: A Brief Social History", Tibetan Culture in the Diaspora, Papers Presented at a Panel of the 7th Seminar of the International Association for Tibetan Studies, Graz 1995. Edited by Frank J. Korom. Vienna: Verlag derÖsterreichischen Akademie der Wissenschaften, 1997, p.108.

因子",并大加培植。1985年10月,流亡当局与一个国际小组共同发起联合计划"佛教的自然观:环保的新视角",该计划由"世界自然基金会"资助。联合计划最后的成果是出版了一个小册子,题为"生命之树:佛教与自然保护",但这里面几乎没有任何对公开出版的藏文资料的引述。[1]流亡藏人精英们的"可贵之处"在于能将点滴"发现"不断"注水",最后以"绿色西藏"的外包装予以宣扬,将藏人千百年来自然形成的适应于青藏高原的"宗教自然观"抬升至"关爱全人类"的高度,[2]且使"环保"话题成为达赖攻击中国政府的一件利器。

近年来,达赖喇嘛及其政治集团不断以"青藏高原环境、气候恶化"为切入点,说明"保护西藏、争取西藏独立"的迫切性。[3]仅在2009年,达赖喇嘛在美、意、澳等国窜访期间,多次在公开演讲中涉及环保话题,声称"西藏问题"不仅仅是人权或宗教自由问题,也是环境问题;10月,"流亡政府"在达兰萨拉举行纪念活动,纪念"应对气候变迁全球行动日",流亡官员指责中国政府修建青藏公路、铁路时,破坏了道路两旁的草坪,加剧了草原的沙漠化。哥本哈根国际气候大会召开期间,西藏"流亡政府"还组织藏人代表通过散发西藏环境研究报告、介绍西藏环境状况,呼吁与会代表和民众关注受气候威胁的西藏高原。洛桑孙根在2012年的"3·10"讲话中还专门提及中国在西藏的经济活动对"世界水塔"的污染并威胁到广大下游人口的生存。

打造精明话语人,以操控"西藏问题"的国际舆论走向。达赖喇嘛及其政治集团非常注意培养"话语人"。当然,"西藏问题"上的最佳话语人

---

[1] Toni Huber & Christchurch, "Green Tibetans: A Brief Social History", Tibetan Culture in the Diaspora, Papers Presented at a Panel of the 7th Seminar of the International Association for Tibetan Studies, Graz 1995. Edited by Frank J. Korom. Vienna: Verlag der Österreichischen Akademie der Wissenschaften, 1997, p.109.

[2] Donald S. Lopez, Jr, Prisoners of Shangri-La: Tibetan Buddhism and the West, Chicago and London: the University of Chicago Press, 1998, p.139.

[3] 比如说2009年3月22日"世界水日",印度的自由西藏学生运动开展拯救西藏水源网上收集签名活动,要求中国政府停止破坏西藏生态环境。为了说明中国政府对西藏环境的破坏,"藏独"势力的宣传中不惜片面夸大。比如2009年春,中国云南、广西等省区及东南亚各国出现严重旱灾,达赖喇嘛及其支持势力的宣传认为,在"西藏康区"的湄公河(澜沧江)修建水坝导致其旱情加重,西藏高原的生态破坏也是导致这类旱情发生的另一主要原因。

非十四世达赖喇嘛丹增嘉措莫属。达赖喇嘛之所以能成为"西藏问题"的出色"话语人",与其精心设计话语、巧妙把脉公众心理、善用沟通技巧密不可分。达赖喇嘛在国际社会的讲话内容大体有四大类:人类道德、全球和平、环境问题以及"西藏问题"。以1990～1994年间的讲话为例,前两者占75%,环境问题占到17%;在22次演讲中,只有3次以"西藏问题"为主要话题。[1]关键是达赖喇嘛更巧于心理攻关。他通过大肆渲染藏民族的"悲惨遭遇",塑造西藏被镇压、被剥削的弱者形象,以赚取国际社会同情与支持。

构筑有效平台,变话语为"权力"。除召开新闻发布会、利用西方各类媒体之外,达赖喇嘛及其流亡政治集团拥有自己固定的"西藏问题"宣传阵地,他们主办的报刊有《藏事通讯》《西藏评论》《西藏公报》等,"藏青会"也办有《独立》《挺进》《团结》《青年论坛》《新生西藏》《流亡火花》等杂志。达赖方面还建立了80多个网站。2001年1月开通的"官方网站"——西藏网(www.tibet.net)已开通藏、英、中、日、西班牙、印度、法、俄罗斯等多种文字的信息服务。2005年12月10日,达赖喇嘛也推出了个人网站。

鉴于议会对西方政府决策有强大影响力,达赖喇嘛在重视直接与西方政要、政府打交道之余,更重视对西方议会游说"西藏问题"。达赖喇嘛及其流亡势力视议会为其推进"西藏问题"国际化的最佳半官方管道。例如,达赖曾在美众议院人权小组委员会的演讲中提出解决"西藏问题"的"五点和平建议";在欧洲议会大厦举行的记者会上提出"七点新方案"。1990年至2008年8月,达赖喇嘛在欧美议会共发表了28次演讲。

(二)藏传佛教对"西藏问题"国际化的影响

随着宗教对西方社会政治生活的影响与日俱增,西方社会多数公众对宗教进入政治生活予以认可。这为藏传佛教20世纪90年代中期以来在西

---

[1]Jan Magnusson (Lund University), "A Myth of Tibet:Reverse Orientalism and Soft Power", Chapter Eight of Amdo Tibetans in Transition:Society and Culture in the Post-Mao Era, edited by Tony Huber, Brill's Tibetan Studies Library, printed in Netherlands, 2002, p.206.

方的勃兴提供了良好的环境。由于美欧教徒中不乏名流，出于名人效应，藏传佛教已成为美欧最著名的一支"显教"。达赖喇嘛在欧美的讲经布法往往能吸引大量听众。1999年8月达赖访美期间主持的"1999年世界和平时轮大法会"听众达4万余人，而此前的"世界和平时轮大法会"更是吸引了25万人，创历史最高；[1]2001年5月17日，达赖喇嘛在旧金山举行的弘法会——由美国"喜玛拉雅山基金会"主办——吸引了1.9万人参加。同样，达赖喇嘛近年来每年都会在欧洲举行近10场成千上万人参加的讲经布法大会。如今，藏传佛教甚至已取代汉传佛教成为欧美佛教的主流。

目前，藏传佛教寺庙或宗教中心也是遍布美欧各国。其中，噶举派的发展最为迅速，至2003年已在40多个国家建起了559个寺庙和传教中心，其中欧美最多。宁玛派居第二，也在欧美建起了200多个寺院和传教中心。格鲁派也建起了200余个寺院和传教中心。萨迦派力量较弱，仅建起了约30个寺院和传教中心。藏传佛教在欧美的迅速发展使其成为达赖喇嘛及其流亡势力借以推进"西藏问题"国际化、草根化的重要加速器。

（三）"西藏问题"拥有很大的国际生存空间

话语产生权力，权力谋求空间。由于"西藏问题"在国际社会拥有如此大的空间与接受度，达赖喇嘛俨然已是一名"国际公民"。自达赖喇嘛1989年在西方反华势力"惩罚中国"的政治理由下被授予诺贝尔和平奖后，[2][3]其在国际社会的人气激增，成了一名显赫的"国际化人物"。自1991年以来，达赖喇嘛窜访期间开始频频获得所在国领导人的接见，甚

---

[1] Donald S. Lopez, Jr.: Prisoners of Shangri-La: Tibetan Buddhism and the West. Chicago and London:The University of Chicago Press,1998, p.207.值得注意的是，达赖喇嘛在欧美的"时轮大法会"前面每每都要冠之以"世界和平"，以此吸引更多西方受众。

[2] 挪威诺贝尔协会会长在解释给达赖喇嘛颁发此奖的原因时称，"达赖喇嘛具备了包括苏联领导人戈尔巴乔夫在内的其他候选人所不具备的有利条件，主要是因为中国对民主运动实行了镇压，随后整个世界都感到义愤。选中达赖喇嘛是为影响中国的局势……人权问题不是达赖喇嘛获奖的新因素，政治起了作用。"

[3] （参阅徐明旭：《阴谋与虔诚——西藏骚乱的来龙去脉》，明镜出版社，1999年2月，第360页）诺贝尔和平奖委员会则表扬他"避开暴力，使用和平方法，要使西藏自中国统治解放出来"（参阅《联合早报》，"达赖喇嘛因何得和平奖"，1989年10月7日）。由此可见，诺贝尔和平奖委员会决定向达赖喇嘛颁发重奖显然是为了露骨地支持达赖喇嘛及其政治集团的"藏独"活动。这次极具政治意味的授奖大大增加了达赖喇嘛在国际社会的光环。

至被予以"国家元首"待遇。西方政客纷纷以接待、会见达赖喇嘛为"政治时尚",竭力借用其"藏传佛教领袖"这块金字招牌为自身捞取政治资本。在"西藏问题"上,西方国家领导人主动为达赖喇嘛传话,积极充当其传声筒。

更为突出的是,欧美社会出现了高烧难退的"达赖热"。达赖喇嘛在欧美社会的声望甚至超过了教皇保罗二世和本笃十六世。2005年美国《时代》杂志将达赖评为全球最有影响力的百人之一。达赖喇嘛每次窜访欧美都会引起社会的极大关注,竞相听其演讲。

此外,欧美社会广泛存在"援藏独"组织或同情"西藏问题"的涉藏组织。涉"藏独"的非政府组织数量庞大,政治活动能量巨大。除非常活跃的达赖集团的"藏独"组织外,国际社会有近400个"援藏独"组织,若加上其分支,总数有1000多个。此外,一些非专门针对"西藏问题"的国际非政府组织,如"大赦国际""无代表席位国家和民族组织""国际法学家委员会""国际人权联盟""人权律师委员会""绿色和平组织""无国界记者组织""瑙曼基金会""民主促进会"等,也经常单独开展或联合涉藏、涉"藏独"非政府组织开展各种援藏、挺藏活动,它们共同组成了一个能量极大的涉"藏独"活动网络。这些组织往往与达赖及其集团沆瀣一气,在西藏的敏感日子里,如藏历新年、"世界人权日"、"3·10"等,内外勾结制造骚乱和恐怖活动;在一些重要国际会议期间和中国领导人到访时,都要举行游行示威等抗议活动,并递交抗议书,向所在国的政府施加压力,要他们出面干涉中国内政。他们还经常通过在一些城市悬挂"雪山狮子旗"、召开有关西藏问题的研讨会、举办"西藏文化展览"等活动,表达支持达赖和分化中国的愿望。这些行为严重损害了中国的国际形象,给中国外交尤其是涉藏外交工作带来巨大干扰。

第六节 "西藏问题"国际化及国际援藏势力

几十年来,国际敌对势力出于分化瓦解中国的目的,对达赖集团不断给予政治、经济、军事等多方面的支持。与此同时,达赖喇嘛出于向中国政府施加压力,达到其实现"西藏独立"的目的,也不断在国际上扩大"西藏问题"对中国的负面影响,"西藏问题"在国际上的影响日趋广泛,逐渐成为国际社会普遍关注的一个历史和现实问题,最终导致该问题"国际化"。

一、美国是世界声援达赖集团的"领头羊"

如果说英国人是"西藏问题"的始作俑者,那么美国人则是"西藏问题"不断国际化的主要推手。二战后,美国由于意识形态取向和自身全球战略的需要,长期以关切西藏人权为幌子,支持西藏少数分裂分子分裂中国的活动。特别是新中国成立后,"西藏问题"一直是美国对华政策的一张"王牌",美国的支持成为达赖集团搞分裂活动的主要支持力量,是达赖集团赖以生存并进而威胁我国藏区稳定的重要因素。尤其是冷战末期以来,美国政府更是将"西藏问题"视为对华人权外交的一个必要组成部分。当然,随着中国的全面崛起以及美国的相对式微,美国政府在"西藏问题"上的制华、反华或乱华手法更加柔软。但由于"西藏问题"这张"牌"涉及太多美国所关注的战略利益,尤其是价值观、人权观、均势观(战略牵制)等重大战略利益,所以"西藏问题"将长期是中美关系中的一个敏感政治问题。

长期以来,美国政府在"西藏问题"上奉行双重政策。一方面,美国历届政府从未公开承认西藏是个独立国家。1994年美国国务院公开声明:"从历史上看,美国一贯承认中国对西藏的主权。"至少从1966年起,美国的政策明确承认西藏自治区是中华人民共和国的一部分(西藏自治区成立于1965年9月);[1]1997年4月17日,美驻华大使尚慕杰(James Sasser)在访问拉萨时说:"美国政府从孙中山时期就承认西藏是中国不可分割的一部分。"[2]2003年以来持续推出的美国务院"西藏问题"年度总统报告也清楚表明,美不承认西藏是个独立国家,只"承认西藏自治区是中华人民共和国的一部分。这项长期政策同国际社会的观点是一致的"。

但另一方面,美国政府,尤其是二战以来,却又在"西藏问题"的演化中扮演着"大力推手"的角色,这既包括冷战期间直接策动、支持西藏权贵阶层制造暴力叛乱与民族分裂,也包括冷战结束后积极支持达赖及其集团寻求藏区"变相独立"的种种诉求,竭力助推"西藏问题"的国际化进程。

纵观美国"西藏政策"的演变进程,美国对"西藏问题"的介入存在四个转折,而且这正好与达赖喇嘛及其集团"藏独"活动的消涨周期契合,从中可见以美为首的外部介入在很大程度上决定着"西藏问题"的存活期限与活跃程度。

(一)历史上美国与"西藏问题"的接触

美国情报人员接触"西藏问题"。美国与西藏地方政府之间的第一次联系在20世纪初叶,充当此次联系的中间人是美国驻华外交官威廉·伍德维尔·洛克希尔(William Woodville Rockhill),他于1884年赴京任美国驻华使馆二秘后开始关注西藏问题。他1887年辞职后便试图进入西藏,但由于自然条件的限制,他只到了甘肃、青海、四川三省的藏区。他于1891年再次进入藏区。在长达4年的游历中,他写了许多关于藏族和藏区的论文和游记,著名的有《达赖喇嘛与清帝的关系》《达赖喇嘛的国家》《西藏》《1891~1892年蒙藏旅行记》等。[3]1908年,洛克希尔被任命为美国驻华公使,同年5月,他首次以美国官方身份接见了当时因为英军入侵西藏而被迫逃至五台山的十三世达赖喇嘛。十三世达赖喇嘛请求美国帮

---

[1] Melvyn C. Goldstein: "The Dalai Lama's Delimma", Foreign Affairs, Jan./Feb. 1998.
[2]《国务院新闻办:评美所谓"西藏问题报告"》,《人民日报海外版》2003年6月10日第四版。
[3] 张植荣:《国际关系与西藏问题》,旅游出版社,1994年版,第79页。

助其返藏掌权，但美国除了表示同情之外，没有提供任何实质性帮助。

此后，又有一些美国人踏入西藏，但这些人均以非官方身份前来活动。实际上，直至二战爆发前的这段时间里，出于自身实力以及对外战略的通盘考量，美国对西藏问题的介入是相当低调的。不仅如此，基于"门户开放""机会均等"，美政府还多次强调西藏是中国领土的一部分这一史实，不止一次地对英国的侵略和分裂西藏的图谋表示反对或异议。如1904年6月，美驻英大使约瑟夫·仇特（Joseph Choate）奉命对英印政府的"中国对藏宗主权理论"表示强烈异议，并申明在1876、1886和1890年与中国政府就西藏问题进行协商时，英国曾三次承认中国人的主权，以后中国人也从未放弃过他们的统治权。[1]美国在1942和1943年再度向英国重申上述政策立场。[2]

（二）1949年之前美国与西藏的官方接触

美国与西藏地方政府建立正式官方联系是在二战期间的1942年。当时，由于缅甸失陷，滇缅公路被日寇切断，中国政府决定开辟一条自印度通过西藏到云南的新补给线。该计划得到美国支持，并指令战略情报局（中情局前身）负责考察地形。1942年8月，情报人员伊利亚·托尔斯泰（Ilia Tolsoy，俄国大文豪托尔斯泰的孙子）上尉和布洛克·多兰（Brook Dolan）中尉带着罗斯福总统致达赖喇嘛的信件和礼物抵达拉萨。[3]尽管美国人此行的主要任务没能完成，但也算是美政府首次遣人入藏。1943年，美国战略情报局向西藏地方政府赠送了3部无线电台和5部无线电接收台，这成为美国影响渗入西藏的一个开端。同年11月30日，一架运送援助物资的美国军用飞机在拉萨附近坠毁，机组人员全部遇难。[4]这些事件进一步促进了美国与西藏噶厦政府的友好关系。

---

[1] 李铁铮：《西藏历史上的法律地位》，湖南人民出版社，1986年版，第93页。
[2] Foreign Relations of the United States（FRUS）：China, 1942, Washington D.C: United States Government Printing Office, 1967, p.631; FRUS, 1943, China, p.675.
[3] [美]梅·戈尔斯坦：《喇嘛王国的覆灭》，时事出版社，1994年版，第401页。
[4] [美]N.C.霍尔：《美国、西藏与中国》，载《20世纪的西藏——国外藏学研究论文集》（第十辑），西藏人民出版社，1993年版，第288页。

二战结束后，东西方冷战序幕渐渐拉开，西藏噶厦政府乘国民政府忙于内战之机加紧"藏独"活动。奉行冷战政策的美国政府，一方面由于需要中国成为亚洲冷战中的战略伙伴，因而支持中国政府控制西藏；但另一方面又在考虑未来冷战中西藏的"战略重要性"问题，特别是在"国民党可能失去中国"以后西藏的"可利用性"问题。美国这时的西藏政策处于十分复杂的双向选择之中。

国民党退守台湾前，美国或因羽翼欠丰而无法强力涉足"西藏问题"，或因顾忌与国民党反日抗苏这层战略同盟关系而不愿在"西藏问题"上过多染指。但当美意识到国民党失势大陆已成定局之际，美国的西藏政策开始明显生变，以适应冷战期间其反共反华新战略之需。这期间，中央情报局是美新"西藏政策"的忠实履践者。

美驻印使馆于 1946～1947 年之交首次要求改变对藏政策，把西藏作为对苏冷战的基地之一，即"在西藏建立空军基地和火炮发射基地"，"作为亚洲遏制共产主义的屏障"。[1] 美国务院虽未采纳，但鉴于西藏战略地位的重要性，"仍十分重视美与西藏的关系"，只是这种关系的发展与巩固要"十分谨慎地通过非官方的渠道进行"，以保持行动的自由。[2] 更有甚者，美国无视中国政府的要求和警告，1948 年在非法出行的"西藏商务代表团"的自发证件上签证，致使其赴美活动，为解除中国政府的疑虑，美国在公开场合把"西藏商务代表团"作为美国商业部而非国务院的"客人"来接待，但私下里却安排代表团先后与国务卿马歇尔、远东司司长秘密会见，马歇尔甚至不顾美国只向主权国家售金的规定，答应了代表团购金 5 万盎司的要求。由此可见美国政府在"西藏问题"上的两面性。[3]

1949 年 1 月 5 日，美驻印大使洛伊·亨德森（Loy Herderson）建言国

---

[1] Foreign Relations of the United States, 1947, VII, Tibet, The Charge in India (Merrell) to the Secretary of State. The Acting Secretary of State to the Charge in India (Merrell), pp.589–592.

[2] Foreign Relations of the United States, 1947, VII, Tibet, The Charge in India (Merrell) to the Secretary of State. The Acting Secretary of State to the Charge in India (Merrell), p.594.

[3] 祝启源、喜饶尼玛：《中华民国时期中央政府与西藏地方的关系》，中国藏学出版社，1991年版，第143页。

务院,鉴于国民党"有可能失去中国",美应重新修订对藏政策,承认"西藏独立"。其建议得到了美驻华、驻苏使馆的呼应,[1]并由此在国务院引起了对"西藏地位"问题的大讨论。此次辩论的直接结果是国务院开始考虑制定新西藏政策,核心内容就是"避免共产党接管西藏","向西藏提供充分援助",并开始考虑"西藏独立"的可行、合法及永久根据。1949年末,美国人劳尔·汤姆斯以"无线电评论员"名义在西藏探索"华盛顿给西藏以可能的援助",并在美报刊上报道"美国已准备承认西藏为独立自由的国家"。

(三)50~70年代美国对达赖喇嘛集团的支持

20世纪50~70年代,美国对达赖喇嘛集团不断提供政治、经济、军事上的援助,并暗中策划、支援武装叛乱。

1949年10月至1950年6月,中国国内形势的迅速发展、中苏结盟、朝鲜战争爆发等一系列重要变局最终加速了美国"新西藏政策"的出台。依据新政策,美政府决定立即援助西藏噶厦政府以防西藏落入中国共产党手中。1950年上半年,经过与印度的密谋,一批美国枪支弹药经由加尔各答免检运入西藏,用以对抗中国解放军进藏。[2]同年11月1日,美国务卿艾奇逊在新闻发布会上诬蔑解放军入藏是"侵略",宣称美将会认真看待共产党向西藏发动进攻的任何一种新证据。同月,美国指使他国在联合国提出干涉中国西藏的提案。由于中国政府的严正立场和一些国家的反对,美国的这个阴谋没有得逞。但美方这些言行表明,其西藏政策正在发生明显变化。1950年解放军解放昌都,美国不甘心失败,一再怂恿西藏地方政府向联合国递交"呼吁书",试图利用联合国来干涉中国解放西藏。同年底昌都解放后,美国务院在给驻华盛顿英国使馆的一份备忘录中说:"此前一直支持民族自决原则的美国认为,像其他民族一样,西藏人民也拥有与生俱来的决定其政治命运的声音。如果情势需要,可以考虑承认西

---

[1] Foreign Relations of the United States,1949, IX, Status of Tibet, Memorandum of the Ambassador in India (Henderson) to the Secretary of State, p.1065, p.1075, p.1078.
[2] 新华社引印通社新德里1950年5月11日电,载《西藏地方历史资料选辑》,第378—379页。

藏为一独立国家。"[1]

1950年朝鲜战争爆发后,美加快支持西藏叛乱步伐。中情局与西藏分裂势力不断接触,旨在推动达赖喇嘛外逃、破坏西藏和平解放乃至策应武装叛乱。这其间,美中情局担当着具体执行的角色。从1951年年初至5月中央与西藏地方通过谈判成功签订"十七条协议"期间,美国驻印度(新德里、加尔各答)使领馆及中央情报局,勾结在印的西藏分裂分子夏格巴及达赖喇嘛的二哥嘉乐顿珠等人,数次密谋,以重金诱骗并声称已为达赖喇嘛在泰国、锡兰和美国安顿居所,企图以此来阻挠西藏融入祖国大家庭的步伐。

1951年8月西藏和平解放后,美政府还通过其驻印使馆几度经由非官方渠道尝试规劝达赖喇嘛抨击并抛弃"十七条",出走国外。未果后,美国通过情报部门转而一方面支持藏人的武装反叛活动,另一方面密谋将达赖喇嘛挟持国外。

1955年美国中央情报局人员到西藏活动,与当地分裂分子进行勾结,提出一个为期10年的援助方案,以推翻中国在西藏的统治。1956年,美国正式做出支持西藏武装叛乱活动的决定。当年秋天"匈牙利事件"的"失败"使得美中情局为未能及时提供帮助而深感"自责"。此时正值我东部藏区因民主改革引发的武装叛乱进入高峰期,美国家安全委员会认为"机不可失",不能重蹈匈牙利覆辙。1956年,美国安会授权中情局推动西藏地下游击活动,成立"越山航空公司"和"美国航空",并利用台湾"民航公司"从事补给;同时,在尼泊尔首都加德满都成立工作站,以支援"西藏游击队",并帮助西藏训练"游击队员"。1957年企图将达赖喇嘛劫持到美国领事馆,迫使其滞留印度搞"藏独";美中情局还从旅居国外的藏人中挑选6名青年,送到关岛接受识图、收发报、射击和跳伞训练;1958年美国曾两次给盘踞于西藏山南地区的"四水六岗"叛乱武装空投特务、电台和武器装备。当年5月,首批受美训练的两名特务携带电台到藏区叛

[1] "Initial American involvement in Tibet" (http://www.naatanet.org/shadowcircus/)。

乱头目恩珠仓·贡布扎西的山南总部与美中情局建立固定联系；此后不久，美国即在哲古地区空投一批武器弹药给叛乱分子，计轻机枪20挺，迫击炮2门，步枪100支，手榴弹600枚，炮弹600发，子弹近4万发，为1959年3月的武装叛乱发挥了显著的推波助澜作用。

达赖喇嘛的"顺利"出逃也离不开美国特工人员的陪伴和中情局的及时指挥。在达赖一行逃亡途中，中情局沿途空投食物，以无线电与附近中情局各站联络，并将全部逃亡过程记录在案。[1]5月20日，美国政府绝密的"303委员会"批给刚逃抵印度的达赖一行第一笔补助费。随后，"西藏难民紧急委员会"亦在美国成立，从此拉开了援助流亡藏人的序幕。

1959年藏区叛乱平息后，在美中情局策划下，叛匪残余逐渐集聚在尼泊尔的木斯塘地区。1960年底，约2000名西藏叛乱分子抵达木斯塘，他们在中情局全方位的支持下，以此为基地，不断越境进入西藏袭击解放军和工作人员。1959年，美国还开始在国内类似西藏的高原地区如科罗拉多州为西藏训练"游击队"500多人，计划训练完毕送回"原行政地区"安多、康巴、卫藏。西藏武装叛乱失败后，美国中情局与印度协商试图向西藏分裂势力提供大量经济、军事援助，空投在美国受训的西藏分裂分子，以帮助他们打回西藏。此时美国对达赖喇嘛及其集团的政治、经济和军事援助日益公开化，援助力度也逐步加大。

1961年，在美国中情局的支持下，达赖方面以"组织武装，收复失地"为名，在尼泊尔西北部木斯塘山谷重组"四水六岗卫教军"，美国还帮助训练了一支2100人的藏人部队。从1960~1970年，美国向"卫教军"空投或经印度空运了大批武装和生活物资，包括受到训练的叛乱分子、枪支弹药、高射炮、发报机、食物、药品、被服、卢比现钞等。在1971年前，美国几乎承担了"四水六岗卫教军"的全部费用。

1962年11月，印度政府、美国中情局和达赖方面负责筹建了流亡藏人的另一支武装"印藏特种边境部队"。兵源由达赖方面在外逃的藏人中

---

[1] [美]沈已尧：《"西藏问题"的由来与出路》，载《中国西藏》，2000年第1期，第4页。

招收,印度派军官管理,美国负责提供武器装备和部分经费,并派军事教官协助训练。该部队除进行军事训练和组织建设外,还担负印度北部边境执勤、特务派遣和参加印巴战争的作战等任务。

总之,美中情局对西藏反叛武装的支持延续了16年,于1972年尼克松访华前夕中止。据不完全统计,仅在1959~1962年间,在美科罗拉多赫尔营就有约170名康巴人接受过训练;[1]在1957年9月至1960年1月间,美中情局就在藏区进行了19次人员空投(共投放了47名受训康巴人),18次武器空投,以"建立有效的抵抗运动","反对中国人的占领"。这一时期,美国还从陆路偷运大批武器弹药供给盘踞山南的叛乱分子。这些受训反叛人员给我藏区建设与社会稳定带来巨大的破坏。[2]

据美国解密文件称:在60年代的大部分年头,中情局每年提供170万美元,其中50万美元支援木斯塘叛匪,18万美元作为达赖的个人津贴。1968年,因为科罗拉多训练基地关闭,这项援助费减为120万美元。1972年尼克松访华后美国逐渐停止了此类经费的支出。[3]

在70年代,由于美苏对抗,美国调整对华政策,中美关系开始解冻,而且达赖方面打回拉萨的希望越来越渺茫,美国中情局开始减少对达赖方面的援助,并逐渐断绝了对两支武装部队的经济援助和军需供应,撤走了军事教官,给达赖方面造成很大的困难和压力,叛乱分子的军事行动被迫全部停止。

尼克松上台后,其所面临的复杂时局是自"珍珠港事件"以来历届总统所未曾遭遇的。美深陷越南战争泥潭,经济实力与军事力量相对下降,政治影响力大为缩水;苏联经济与军事力量明显增强,在全球大力推进扩张主义;国际格局呈现多样化倾向,出现了美、苏、西欧、日本和中国五大政经中心;中苏交恶;中国加入联合国,如此等等。为保持

---

[1]2010年9月10日,美国林务局为中央情报局特别设立在科罗拉多州中部山区赫尔营(Camp Hale)的"西藏自由斗士荣誉纪念牌匾"进行了揭幕,以纪念从1958年至1964年由中情局培训的"西藏自由斗士们"。
[2]Dawa Norbu, China's Tibet Policy, Curzon Press, 2001, p.268.
[3][美]沈ев尧:《"西藏问题"的由来与出路》,载《中国西藏》,2000年第1期,第5页。

美在国际政治中的主导地位，尼克松对美战后外交进行了一次重大调整，其中最为重要的一环就是缓和并改善与中国的关系，因为美国若欲摆脱越南战争的泥潭，若欲对抗日益膨胀的苏联扩张，没有中国的参与是办不到的。

1971年的"乒乓外交"与基辛格秘访以及翌年的尼克松访华，最终打开了关闭22年之久的中美关系大门。在尼克松、福特、卡特和里根执政时期，美对华政策重点就是借助中国抗衡苏联的威胁。因此，美国这四届政府竭力淡化"西藏问题"，尽量减少其对中美关系的消极影响。美国不但放弃了对西藏分裂分子的武装与经济援助，坚持西藏是中国的一部分，而且形成了政府要员不会见达赖喇嘛的惯例。这一阶段，美政府对达赖喇嘛的"外交"活动也颇为冷淡，多次拒绝他的访美请求，直到1979年9月达赖才终于以宗教领导人的身份如愿以偿。

（四）80年代中期美国的西藏政策再度发生变化

但美国关心"西藏问题"的历史并未就此结束，其骨子里对中国的遏制心态并未改变。美国内的反华势力，特别是反华议员们从未停止"援藏"活动：1985年6月13日，达赖集团卸任治安噶伦（相当于部长）彭措扎西和"宣传部"秘书长甲日·洛追坚赞赴美，与美国会议员就"西藏问题"进行磋商与研讨；1987年6月18日，美众议院通过了《关于中华人民共和国人权》和《关于中华人民共和国在西藏侵犯人权》两项修正案；1987年9月，达赖喇嘛第四次获准去美国访问。9月17日，美参议院外交委员会举行"西藏人权问题听证会"；9月21日，达赖喇嘛在美众议院人权小组委员会会议上发表解决"西藏问题"的"五点和平建议"，提出"变相独立"主张；[1] 10月14日，美众议院外交委员会再就西藏人权状况举行听证会，对中国施压。从上可见，1987年美西藏政策再度生变，尽管这

---

[1] 1987年10月，美国会通过谴责中国的决议后，美国务院明确表示它反对国会采取任何将对中国在西藏的主权提出怀疑的做法。国务院发言人罗伊说："美国并没有支持达赖最近提出的要使西藏成为一个和平区的五点建议，这是因为这一建议背后的基本想法是要搞西藏独立。"参阅直云边吉：《达赖喇嘛——分裂者的流亡生涯》，海南出版社，1997年版，第66页。

一年美国务院反复出面澄清"立场",安抚北京。[1]

但是美国对达赖喇嘛集团的支持直接影响国内藏区稳定,从1987年9月27日拉萨第一次发生骚乱开始,80年代末拉萨连续出现十多起严重的骚乱事件。这期间美国连续出台多个决议,公开支持达赖集团和谴责中国政府。西方国家追随美国也纷纷出台攻击中国西藏政策的决议,"西藏问题"再次成为国际热点。

20世纪80年代末90年代初,苏东剧变,国际形势发生深刻变化,世界向多极化发展,美国成为世界"一超"霸主。此时美国议员、国务卿、总统等对"西藏问题"的支持掀起一个新高潮。达赖方面在美国等西方国家的支持和唆使下,将沉寂多年的"西藏问题"再次提出。从这时起,达赖喇嘛几乎每年都窜访美国,并受到美国高级官员甚至总统的接见。此外,美国还时常挥舞人权大棒向我施压。

冷战结束前夕国际形势再度发生翻天覆地的变化,美苏缓和日益明朗,社会主义阵营迅速瓦解,美对中国的战略需求明显下降。布什政府及此后历届美国政府对华政策的重点由借助中国抗衡苏联转变成主要针对中国本身,即对中国进行和平演变、软性遏制。于是,人权外交遂成为美对华战略的一个有机组成部分,其中"西藏问题"——涉及宗教、民族、发展、文化、传统等诸领域——又是美的"关切重点",为美对华展开人权外交攻势提供了难得的炮弹。

冷战结束以来,美国支持"西藏问题"总体而言主要有以下表现形式。

1. 美政府不断加大对"西藏问题"的干预力度

其一,频频邀请达赖喇嘛及其"流亡政府"官员访美,为达赖集团提供国际活动舞台。1979~1989年,美方基本上是每隔两三年邀请达赖访美一次,10年内达赖喇嘛只访美5次;但此后由每年邀访一次逐渐增加到

---

[1]如1987年9月17日,美国务院发言人罗伊在参议院外委会作证提到人权问题时说:"用一句话来概括中国的人权状况就是:过去十年人权方面的趋势是积极的。"1987年10月,美国会通过谴责中国的决议后,美国务院明确表示它反对国会采取任何将对中国在西藏的主权提出怀疑的做法。参阅直云边吉:《达赖喇嘛——分裂者的流亡生涯》,海南出版社,1997年版,第66页。

一年两次，1999年甚至达到3次；活动天数从当初的十几天逐渐拉长到几十天，甚至数月；达赖喇嘛的访美活动逐渐由宗教之旅演化为政治之旅；"西藏流亡政府"官员访美频率也在逐渐加大，尤其是2001年以后，其首席噶伦（相当于总理）每年访美一次。

其二，政要竞相会见达赖，上至总统下至州长，无一例外。1991年4月16日，老布什总统在白宫私人住所以"私人身份"会见达赖喇嘛，开西方国家元首会见达赖之先河，此后美（乃至欧洲）政要纷纷效仿；2001年5月23日，小布什总统在中国"和平解放西藏50周年"纪念日当天，在白宫总统官邸会见达赖喇嘛，开美国总统在白宫正式会见达赖的先例；2007年10月17日，小布什总统高调到国会出席达赖喇嘛被颁赠国会金章仪式，是首位与达赖喇嘛一同在公开场合出现的在任美国总统。"西藏问题"也随之成为中美领导人正式会见的必谈项目。

其三，任命并逐步提升"西藏事务特别协调员"级别，旨在"保护西藏宗教、文化和语言传统，促成北京与达赖喇嘛和谈"。1997年10月，不顾国际法与国际关系准则和中国政府的严正抗议，美正式任命国务院办公室政策规划主管格雷格·克莱格兼任"西藏事务特别协调员"；1999年1月，美国务院任命助理国务卿朱丽娅·塔夫脱为美国新的"西藏事务特别协调员"；2001年5月，美国务院再度任命副国务卿杜布里安斯基兼任"协调员"。值得注意的是，此次提升"协调员"级别是在美国务院不断精简机构的背景下进行的，[1]更凸显了美国政府对"西藏问题"的关注程度。

其四，美国务院每年发表《人权报告》和《宗教自由报告》，配合达赖方面活动，谴责中国政府不仅对西藏的宗教、文化、语言和传统习惯等不予保护和发扬，而且践踏人权。1995年2月1日，美国务院发布全球人权报告，其中将西藏单独列项，而此前是将西藏列在中国的项下，该做法本身暴露出美国介入"西藏问题"所要达到的终极目标。更值得一提的

---

[1] 2001年3月，美国务卿鲍威尔在国务院削减了23个特使、代表、顾问职务，此前，美国务院共有此类职务55个。

是近年出台的"西藏问题"总统报告。美国务院依据《2003财政年度对外关系授权法》，自2003年开始每年向国会提交有关"西藏问题"的年度总统报告。该报告主要是罗列当年美国总统、国务卿及政府官员在促进中国政府和达赖喇嘛"谈判"方面"采取的措施"，有十几项之多，俨然将"西藏问题"视为美国内政。

其五，不断增加援助数额。自1989年美开始恢复"援藏"活动，通过各种途径为达赖及其政治集团提供大量活动经费与资助。尽管援助在暗中进行，秘而不宣，但不时被新闻界披露。美联社1998年10月1日报道："近年来，美国会已批准每年给'西藏流亡政府'200万美元的经济援助。"[1]此外，通过非政府组织名义，美每年还向达赖及其流亡社区提供至少70万美元的资助。实际上，达赖的"流亡政府"财政运作已离不开以美为首的各类西方援助。以1999～2000年的财政预算为例，"流亡政府"全部预算为9.42亿卢比（约为2000万美元），但其中8.39亿卢比只是"画饼"，取决欧美等的援助与募捐。[2]

2. 美国会、州议会不断加大对"西藏问题"的干预力度

一方面，出台各类有关"西藏问题"的修正案和决议。从1987年至今，美国会每年都要抛出为数不少的"西藏问题"提案、法案和决议，不断加大介入力度，反复诬蔑中国的对藏政策，一再宣称"西藏是一个被占领的国家"。1987年12月，美参众两院先后通过的所谓《关于中华人民共和国侵犯西藏人权的修正案》成为后来欧美各国议会不断出台"西藏问题"修正案、决议的始作俑者。据不完全统计，仅1997年美国会就相继提出或通过了十多个涉及"西藏问题"的议案；1999年，美国会众议院反华势力提出的反华议案多达70余个，相当一部分涉及"西藏问题"。与此同时，美国的州议会也纷纷介入"西藏问题"，仅1999年美国就有13个州市议会相继通过了涉藏决议，公开宣称"西藏是一个被占领的国家"，有的甚

---

[1]中国人权研究会：《美国支持达赖集团分裂活动剖析》(http://www.humanrights-china.org/china/rqzt/rqyjh/menu_yjdt_007.htm)。
[2]林照真：《最后的达赖喇嘛》，时报文化出版公司，2000年版，第77页。

至宣称"西藏的真正代表是达赖喇嘛和流亡政府"。另一方面,美国会纷纷举办各类"西藏问题听证会",其中仅1999年就举行了50多场。期间,还经常邀请达赖方面指派所谓"西藏代表"参加听证会,公开为"抨击北京在藏政策者"提供讲坛,干涉中国内政。

3.借助各类所谓民间组织、机构以及传媒,积极为"西藏问题"国际化造势

主要是以"民主""自由"和"人权"等为招牌,利用各种机会渲染、炒作"西藏问题"。成百上千的涉藏非政府组织,尤其是那些有着浓厚官方背景的涉藏非政府组织,逐渐充当起"西藏问题"国际化活动的急先锋。

尤其值得一提的是传媒在"西藏问题"国际化进程中的推波助澜作用。在美国会的资助下,"美国之音"(于1991年)和"自由亚洲广播电台"(于1996年)设立了藏语节目,不断进行欺骗性和煽动性宣传,甚至公开鼓吹"西藏独立"。这一时期,美政府还不断增加对它们的财政支持。例如,1997年9月,美国会众议院外交委员会批准了一项法案,授权政府在1998、1999年内为"美国之音"和"自由亚洲广播电台"对中国广播拨款8000万美元。1998年1月,美国会又正式批准该年度给"自由亚洲广播电台"拨款2410万美元。这使它们大大加强了对藏区的空中渗透力度。就连广播员的选定与节目设定也与达赖喇嘛及其"流亡政府"商定。[1] 不仅如此,美国媒体在"西藏问题"上呈现一边倒之势,并主导着美欧西方受众的"西藏观"和"达赖喇嘛观"。

4.金融危机后美国的"西藏政策"

2008年末爆发的全球金融危机不但加速缩短了中美之间的综合国力差距,且使奥巴马政府对华倚重不断加大,不论是其对内的经济振兴计划(尤其是解决居高不下的失业率、捉襟见肘的基建投入、资不抵债的财政困境等三大难题),还是对外的摆脱阿富汗反恐战争困境,抑或是在应对

---

[1] 中国人权研究会:《美国支持达赖集团分裂活动剖析》(http://www.humanrights-china.org/china/rqzt/rqyjh/menu_yjdt_007.htm)。

金融危机、气候变化等全球议题以及在朝核、伊核、缅甸、巴基斯坦等地区问题上，美国都需要中国的合作。因此，奥巴马政府在"西藏问题"上坚持以不影响中美关系大局为要，努力在支持达赖与发展中美关系之间寻找平衡，美媒体将之称为"中间道路"。

具体而言，这两年里，奥巴马政府在"西藏问题"上的表现比较低调，更加顾及中国方面的感受。一是刻意淡化中美关系中的"西藏问题"。2005年2月，希拉里开始亚洲四国之行前在纽约"亚洲协会"发表演讲时，虽未忘关切"西藏问题"，但当有人问她与中国领导人会谈中是否会提及"西藏问题"时，她仅说"西藏问题"是众多议题之一。实际上，美国众议院议长佩洛西（达赖的铁杆支持者、"西藏问题"国际化的重要推手）2009年5月及美国务卿希拉里2009年2月访华时，她们在"西藏问题"上均采取了回避态度。

二是在晤见达赖问题上，奥巴马刻意低调。2009年10月达赖喇嘛在华盛顿逗留5天，奥巴马没能"抽出时间"接见，这是过去18年来达赖访问华盛顿期间首次未获美国总统接见。2010年2月和2011年7月，达赖喇嘛两度访问华盛顿期间，奥巴马也只是"挤出时间"在白宫西翼的地图室，而非象征总统权力的椭圆形办公室会见他，以凸显此次会见的"私人性质"；且是两次都以"闭门"方式进行，避见记者。尤其2010年2月达赖喇嘛在会见结束后从"后门"离开，这种会谈使奥巴马曾饱受"挺藏"势力的诟病。

三是支持"藏独"的调门比以前低。2011年奥巴马"私下"晤谈达赖后，白宫方面称：奥巴马在见达赖喇嘛时重申不支持"藏独"，还强调中美建立合作伙伴关系的重要性。

尽管如此，仍可以预料，奥巴马政府绝不会轻易放弃"西藏牌"。美方借助"西藏问题"向中国推销其人权观、价值观的意识形态之战的策略没有根本改变。人权、自由都是美国的立国之本，也是美国越来越多地利用"巧实力"来影响世界的重要工具。例如，2009年10月，达赖喇嘛在华盛顿期间虽未见到奥巴马总统，但却受到了国会的高规格接待，并由众议院议长佩洛西亲自向其颁发以反共反华的蓝托斯命名的"蓝托斯人权奖"。达赖喇嘛同时还与"专责协调西藏事务"的副国务卿奥特罗见面。再如，奥巴马虽然是低调"私见"达赖喇嘛，但却在不到一年的时间里两次会见，其密度之高弥补了接见规格不高的"遗憾"。面对一个日益强大的中国，在"西藏问题"上奥巴马式的"中间道路"可能是未来美国政府长期的"无奈选择"。

二、联合国干预及"西藏问题"国际化

在西藏分裂势力一再呼吁及美国、印度等国际支持势力的鼓噪下，1959年中国政府平叛、达赖喇嘛逃亡印度宣布"西藏独立"后，联合国对中国政府对西藏的政策和举措进行了干预。1959、1960和1965年，联合国分别以国际法学家委员会(ICJ)[1]的三个"中国人权调查报告"为基础，通过了有关西藏问题的1353号、1723号和2079号决议案，对中国政府在西藏地方实行的平叛改革等政策进行攻击，指责西藏的"基本人权"和他们"独特的文化和宗教生活"受到侵犯，"侵犯了《联合国宪章》和《世界人权宣言》所规定的包括人民与民族自决在内的基本人权与自由，并可悲地加剧了国际紧张局势与恶化了人民之间的关系"。尤其是第三个决议，呼吁所有国家尽一切努力达成决议。由于当时中国不是联合国会员国，决议中并未点中国的名。但是，联合国的咨询机构国际法学家委员会却在达赖喇嘛出逃后立即成立了一个"法律调查委员会"，去印度对流亡藏人进行调查，1959年及1960年发表了两个报告：《西藏问题与法制》和《西藏与中华人民共和国》。他们以法学家的立场说，西藏在历史上的大部分时

---

[1]这个委员会设在瑞士，主要由自治法学家审查委员会成员组成，而该委员会是由美中情局1949年成立的，又称自由法学家同盟，这个组织在1959、1960、1964年先后出台了三份所谓"西藏问题"的专门报告，提出西藏是个被侵占的独立国家，西藏官在法律上有权取消"十七条协议"，中国政府在西藏搞"文化种族灭绝"等等。1997年它再次炮制《西藏：人权与法治》的报告，把藏人描述为"处于异族统治下的一个民族"，有权依据国际法行使自决权。

间里,特别是1912～1950年期间是个"独立"的国家,西藏有权废除《十七条协议》宣布独立。报告还列举了大量"事实",揭露中共在西藏"侵犯人权"。这些法学家偏听偏信流亡藏人的一面之词,甚至是夸大之词。针对达赖喇嘛声称中国要消灭西藏,其第二个报告也承认没有足够证据说明这一点,报告说,虽有证据表明中国政府违反了藏族作为一个宗教集团生存的权利,但是没有违反他们作为一个民族、种族或人种生存的权利。这被称为"文化上的宗族灭绝"。

联合国的这些决议是冷战时期以美国为首的西方国家反华政策的产物,是对中国内政的严重干涉,将西藏问题推向了国际化。这三个决议的通过为后来"西藏问题"的发展带来了恶劣影响,经常为达赖喇嘛及其政治集团和国外反华势力反复援引,攻击中国在西藏侵犯人权,鼓噪"西藏独立"。

1971年第26届联大通过了"恢复中华人民共和国在联合国的合法席位"的决议,是对达赖集团企图利用联合国干涉中国内政的巨大打击。但在80年代末到90年代中期,美国等西方国家多次利用联合国大会等公开场合,攻击中国的西藏政策,要求审议"西藏的人权问题","西藏问题"在联合国人权大会上成为攻击我人权的重头戏,每年都提出动议,但均遭到失败。1991年8月联合国人权委员会通过"涉藏决议",这是联合国自1965年以来第一次通过有关西藏问题的决议。美国正是想利用在联合国对"西藏问题"的支持这个看似合法的程序,加强在该问题上的活动力度,从而向我施压。

(一)印度政府对达赖喇嘛的支持和帮助

随着英国人的退出,印度人自然接过衣钵。自此之后,"西藏问题"成为中印关系中一个相当敏感的问题。

独立后印度一直视次大陆为其必然的势力范围,自诩为"大英帝国天然继承人",不容外人染指与干预,同时采取各种外交手段,竭力获取对次大陆的绝对领导权。出于惯性思维,独立后的印度统治者、战略家把西藏视为其次大陆战略统一体的一部分，[1]尤其是视之为中印两国间的"缓冲区"，这种念头成为新德里或明或暗插手"西藏问题"的一个根本动力所在。

总体而言，独立后的印度在"西藏问题"上表现出了明显的矛盾性。一方面，它希望完全继承英殖民者所有在藏特权，并希望"西藏能够成为一个高度自治的缓冲区"。因此，印度对西藏上层分裂势力的"藏独"活动持同情态度，并反对中国解放西藏、巩固边防。但另一方面，印度出于地缘政治的考虑，同时也为了将新德里树立为摆脱殖民体系的"新兴力量代言人"，又高度重视对华关系，不愿在"西藏主权"问题上公然挑战中国。实际上，新生的印度当时既不愿公开支持"西藏独立"，也不愿公开支持中国对西藏的主权要求。[2]比如，独立不久的印度不愿跟随美国大力支持西藏上层分裂势力的"藏独"活动。新生印度不但完全排除了一旦中国"入侵"印度将向西藏提供直接军事援助的可能性，而且昌都战役后它还在联大中反对联合国公开讨论由萨尔瓦多提交的"反对中国进军西藏"的"呼吁书"。但随着中印边界争端的不断升温及至边界冲突的爆发，印度统治层对西藏上层分裂势力的支持日益公开化。正是由于印度这种态度的根本转变，西藏分裂势力才最终得以在境外拥有了一个从事"藏独"活动的大本营和政治集团。

印度对西藏感兴趣并支持达赖喇嘛分裂集团的根本原因：

一是想继承英国在藏殖民特权。由于传统及地理上印度与西藏的亲近渊源，以及英印殖民统治的历史关系，印度人有一种非常浓烈的"西藏情结"。新生印度要求以"大英帝国的天然继承人"身份保留在藏殖民特权。

---

[1] 贾斯万特·辛格：《印度的防务》，印度麦克米兰公司，1998年版，第146页。
[2] 这种立场一直延续至最近。2003年6月23日，印政府首次在政府间文件，即《中印关系原则和全面合作的宣言》中明确表态，"承认西藏自治区是中华人民共和国领土的一部分"。1959年西藏叛乱前，印政府曾公开承认过"西藏地区是中国的一部分"，但此后却一直反复宣称"西藏是中国的一个自治区"（这一表态也见于1988年、1993年印度拉·甘地总理和拉奥总理的访华成果中）。虽然前后表态只有几个字的差异，但却是一种质的飞跃。承认"西藏是中国的一个自治区"，重在从"自治区"这一政治概念来描述西藏与中国的关系，带有印英殖民时代痕迹，即只承认中国对藏拥有"宗主权"；承认"西藏自治区是中国的一部分"，重在从领域主权的概念来强调西藏的法理地位，即承认中国对藏拥有"主权"。

二是继承了英国人的"缓冲区"战略思维。英国人确信,对于南亚次大陆安全而言,维持西藏作为一个政治及安全缓冲区的地位至关重要。英国人这种"缓冲区"思维是对英国著名地缘政治学家麦金德"世界岛"理论的信奉与实践的产物。麦金德认为,在世界各大洲中,欧亚大陆称"世界岛",而中亚是其"心脏地带",谁能统治"心脏地带",谁就能控制"世界岛",谁就能控制世界。西藏高原被认为是"心脏地带"中的一部分,自然成为列强争夺的对象。这也是英国人两度发动侵藏战争、不断企图改变西藏政治地位的主要原因。1907年的"英俄西藏协定",其实就是这种地缘思想的一种实践。英俄两国通过该协定共同确保西藏的"高度自治",使之成为避免两国直接展开战略角逐的"缓冲地带"。这一协定在很大程度上减少了俄国对英国在次大陆权益的威胁。

印度第一代领导人深受"缓冲带"思想的影响,主张并支持"西藏高度自治",并认为这是保持印度安全的最经济办法。新中国成立不久,尼赫鲁于1949年11月在伦敦的一次记者会上公开表明了印方的这一立场,即印度一直承认中国对西藏的主权,但把西藏视为中国的一个"自治区"。1950年9月8日,尼赫鲁在会晤即将前往北京会谈的西藏代表团(夏格巴)时表示:"印度政府将沿袭英国人统治时的对藏政策,即表面上把西藏视为中国的一部分,而内部却认为西藏是自治的。我们将请求中国人不要派军入藏。"[1]印度中央情报局(CIB)第一任负责人穆立克在回忆录中说,他深信尼赫鲁本人也希望"将来有一天,即使西藏不能完全独立,印度也能够帮助西藏获得半独立地位"。[2]这期间,新生的印度政府还基于《西姆拉条约》向西藏政府提供了有限的外交和军事援助,重在保持其"高度自治"地位。如支援藏军军火,帮助调动藏军去昌都前线阻止解放军进藏,派人在前线设立电台收集情报,以及(和英国人一道)阻止西藏代表赴京谈判(希望和谈在印举行)。同时,印度的新闻报道则强调西藏为一个"独

---

[1] [美]梅·戈尔斯坦著,杜永彬译:《喇嘛王国的覆灭》,中国藏学出版社,2005年版,第695页。
[2] John Kenneth KNAUS: Orphan of the Cold War: America and the Tibetan Struggle for Sruvival, Public Affairs,April 1999.载内部翻译资料《冷战孤儿:美国和西藏为争取生存的抗争》,第307页。

立国",诬蔑中国人民解放军进藏是"侵略"。[1]

印度于1947年邀请西藏代表出席由其筹划的"泛亚会议"是其缓冲区思想的最重要履践。1946年,为募集国际社会对西藏高度自治的支持,尚在积极准备独立建国的印度临时政府,通过英驻藏代表黎吉生,邀请西藏政府大扎摄政派代表出席"泛亚会议"。尽管中华民国政府予以反对,但印方非但没有撤销这一邀请,还把藏军的"雪山狮子旗"作为西藏"国旗"与其他国家的国旗并列悬挂于会场,并安排"西藏国代表团"代表与中国和其他国家的代表同坐主席台。会场上悬挂的巨幅亚洲地图竟将"西藏"标在中国版图之外。虽然中国代表对此表示了强烈抗议,但印方只是纠正了地图,仍准许西藏代表以"独立国家"代表身份致辞。这次"泛亚会议"影响恶劣。在达赖喇嘛及国际"挺藏"人士看来,与中华民国平起平坐出席国际会议,这本身即意味着"西藏事实上的独立"地位得到了承认。

三是力保英殖民者在藏攫取的权益。印度1947年8月15日正式独立,此后至西藏和平解放这段时间,印度加紧巩固英殖民者留下的各种在藏权益。1947年7月26日,印临时政府向西藏政府递交了一封表明将继承大英帝国在藏一切特权的信函,以及一封大英帝国向印出让这些权益的信函。[2]西藏政府原本希望在脱离英殖民统治后与新生印度通过谈判、协商纠正那些不平等权益,尤其希望归还沦落于英印当局之手的西藏人聚居区——"东北边境特区"(即今在印度占领之下的藏南地区)、锡金和大吉岭等,以及修订英印当局过去与西藏政府签订的不公平经贸协定。[3]西藏人的逻辑是,如果英国人都能承认其对印度的统治是不适当的,那么新生印度就更不应当承认其对西藏原有领土的继续占据是合法的。然而,西藏人的这些要求遭到了印度的坚决拒绝。[4]在独立日当天,新生印度还强行

---

[1] 杨公素:《当代中国外交理论与实践》,励志出版社,2002年版,第84页。
[2] [美]梅·戈尔斯坦著,杜永彬译:《喇嘛王国的覆灭》,中国藏学出版社,2005年版,第585—586页。
[3] [美]梅·戈尔斯坦著,杜永彬译:《喇嘛王国的覆灭》,中国藏学出版社,2005年版,第584页。
[4] [美]梅·戈尔斯坦著,杜永彬译:《喇嘛王国的覆灭》,中国藏学出版社,2005年版,第593—594页;杨公素:《当代中国外交理论与实践》,北京大学出版社,2009年版,第126页。

指令其驻江孜、甘托克、亚东和拉萨的商务代表和公使，分别在自己驻地收起英国国旗，挂上印度国旗；印政府以严格限制和管理——尤其是截流西藏通过印度出口商品所赚的一切外汇——西藏进出口商品，甚至断绝印藏贸易往来进行要挟。西藏地方政府最终屈服。1948年6月，拉萨方面不得不宣布承认尼赫鲁领导的印度政府为英殖民者在西藏的继承者。

四是干扰新中国巩固其在藏主权。为保持印度在西藏的种种特权并维持其影响力，印度政府对中国进军西藏公开表示不甘、不愿。在1959年中印爆发第一次边界冲突之前，印度政府虽未公开煽动"西藏独立"，甚至原则上承认了中国对西藏的军事、政治控制，但暗中支持西藏上层搞分裂的动作却一直未断。其中，印度驻拉萨机构对分裂活动的公然支持最为突出。

1950年中国进军西藏，年底印度三次向中国政府提出备忘录和照会，反对中国出兵西藏，要求中国政府用和谈来解决西藏"自主"问题。例如，1950年10月21日昌都战役尚未结束，印度政府即向中国政府送交一份备忘录称："中国在西藏的军事行动将会在国际上削弱中国的地位，使中国参加联合国更加困难。"[1]

1951年底，拉萨发生了反中央、谋分裂的"人民议会"事件，其最初密谋地即是在印度驻拉萨代表驻地德吉林卡。

1956年，达赖喇嘛和班禅喇嘛出席印度纪念释迦牟尼诞辰2500周年活动时，尼赫鲁一面承认西藏是中国的一部分，一面在印度议会大讲所谓对"西藏人民自治愿望"的同情，多次在会见达赖喇嘛时暗示支持其"自治"活动，并有意将达赖喇嘛留在印度。尼赫鲁在11月27、28日两次在同达赖喇嘛的谈话中表示，如果中国不按《十七条协议》行事，且西藏有困难时，印度将帮助西藏。[2]尼赫鲁甚至还称，"你说你想独立，但同时又说不想流血，这不可能！"[3]达赖一行抵达新德里机场时，印方只悬挂印

---

[1]《中华人民共和国对外关系文件集》，世界知识出版社，1957年版，第167页。
[2]杨公素：《当代中国外交理论与实践》，北京大学出版社，2009年版，第90页。
[3]Dalai Lama: Freedom in Exile, London: Abacus, 1990, p.161.

度国旗和西藏佛教旗帜,未挂中国国旗;印度报纸则宣扬达赖喇嘛等来访不只有宗教意义,且具政治意义;印度在接待达赖喇嘛和班禅喇嘛(班禅喇嘛拥护西藏和平解放)时有意有所区分,"前高后低"。

1958年,尼赫鲁去不丹访问,有意绕行,不辞劳苦取道西藏亚东。他在亚东住了一天并去市场上巡视,同时提出种种要求,不仅反对中国开始管理市场,而且要扩大自由贸易范围,要求江孜、日喀则和拉萨也要和亚东自由港一样。

1959年初,西藏叛乱分子在拉萨公开闹事,并于3月10日去印度驻拉萨总领馆要求保护他们独立。印度总领事居然要求他们提供一个书面文件。3月14日,近千名藏族妇女去印总领馆游行,要求印度出面调解,以和平方式让汉人撤走,印度总领馆不但接见了叛乱代表,且收下"独立"声明并应允报告政府。这期间,西藏上层势力的一系列分裂活动和声明均通过印总领馆向外界传播。例如,3月13日,拉萨"人民会议"通过印度驻拉萨总领事馆的电台向噶伦堡发出电报:"噶伦堡夏格巴转西藏幸福事业会全体,藏历二月一日(3月10日)西藏独立国已成立,请向大家宣布。"次日又发一电:"西藏已成立独立国,汉政府准备大规模镇压,请向邻国印度政府、佛教会议、联合国报告,立即派人来此地视察真实情况……大力支持。"署名为"西藏独立国人民会议全体大会"。[1]

此外,新德里暗中支持叛逃印度的分裂分子的活动。自1950年以来,寻求"西藏独立"的西藏分裂势力逐渐在噶伦堡聚集起来,并对西藏大肆开展破坏活动。

五是放任噶伦堡的"藏独"活动。1950年以来,主张"西藏独立"的西藏上层分裂势力逐渐在印度的噶伦堡聚集起来,这里遂成为"藏独"分子的最主要集散地。尽管在1957年1月周总理访印并做了大量工作之后,印方对噶伦堡的"藏独"活动有所限制,但该地在20世纪50~70年代一直是康藏叛乱、达赖出走及武装袭扰藏区的主要策划地和接应地。

---

[1]杨公素:《当代中国外交理论与实践》,北京大学出版社,2009年版,第94页。

此外，噶伦堡还成为美、印情报机构支持西藏叛乱、胁持达赖喇嘛出境的重要策划地。1956年底，已成为美国人的嘉乐顿珠（达赖的二哥）在中情局的建议下，来到噶伦堡，鼓动分裂分子寻求美国人帮助，并称"美国是一个比较好的选择"。[1]1957年晚些时候，嘉乐顿珠还雇用了一名印度人（印度在拉萨领馆的摩斯密码发报员、前政府雇员）教授6名藏人英语，以备后用。[2]1957年2月，嘉乐顿珠在噶伦堡与路过此地的达赖喇嘛长谈了11个小时，劝其寻求庇护。最后，应美中情局之令，嘉乐顿珠还从噶伦堡挑选了6名康巴人前往塞班岛接受武装训练，以便今后在藏区开展游击战。[3]

六是容留达赖方面，助其建立流亡政治体系。1959年拉萨叛乱后，印度逐渐公开支持西藏分裂势力，并帮助流亡藏人对我在藏的政经活动发动武装袭扰。

拉萨叛乱失败后，十四世达赖喇嘛在叛乱分子的劫持下以及中情局的暗中帮助下，于3月31日抵达印度境内，受到热烈款待，印度外交部派遣曾在拉萨担任过总领事的梅农司长前往边境迎接，并一直陪伴到新德里。4月24日，尼赫鲁在新德里会见了达赖并表态："印度政府给予达赖喇嘛政治避难"、"达赖喇嘛在印度期间将受到尊敬"。当月，印度政府专门成立了"中央救济西藏委员会"，下设"藏民安置办公室"，并由外交秘书阿南德具体负责逃印藏人的安置工作。随后，印度政府帮助达赖组建了"流亡政府"，并划拨经费、物资和土地，为外逃藏人建立了"难民营"，即藏人聚居区。1960年，"西藏流亡政府"在印度喜马偕尔邦的达兰萨拉宣告成立。直至今日，印度虽未公开承认"西藏流亡政府"，却允许其公开举行集会、游行等分裂活动。达兰萨拉也因此成为达赖及其政治集团鼓吹、宣传"藏独"以及进行分裂祖国活动的大本营、策源地和庇护所。

七是鼓励、支持流亡藏人残匪对藏区进行武装袭扰。1962年中印边

[1]Kenneth Conboy and James Morrison: The CIA's Secret War in Tibet, Press of Kansas, 2002, pp.36-37.
[2]Kenneth Conboy and James Morrison: The CIA's Secret War in Tibet, Press of Kansas, 2002, p.96.
[3]Kenneth Conboy and James Morrison: The CIA's Secret War in Tibet, Press of Kansas, 2002, p.71.

界冲突爆发，中印关系恶化，尼赫鲁在美国的支持下，建立了专门对付我驻藏部队、骚扰藏区的"印藏特种边境部队"，并支持盘踞在尼泊尔木斯塘的西藏叛匪武装"四水六岗卫教军"对我边境的进犯和袭击。1965年，印度在第二十届联大上投票赞成萨尔瓦多、爱尔兰和马来西亚诬称我"侵犯西藏人权和自由"的提案。1970年10月，支持达赖方面成立"西藏青年大会党"（即"藏青会"）。1978年又帮助建立了"西藏民族民主运动"，宣称它的目标是"争取西藏民族独立"，"建立一个以达赖喇嘛为首的真正民主政府"。

中印关系正常化以来，印慎打"西藏牌"。印度政府一方面谋求改善对华关系，公开表示西藏是中国领土、是中国的一个自治区，不允许外逃藏人在印从事反华活动；但另一方面仍在继续允许达赖的"流亡政府""议会""宪法"以及报刊等在印度存在，或明或暗地支持达赖搞分裂。印度总统、副总统、总理每年都要以国家元首的礼遇会见达赖喇嘛，还不时鼓动他走访中印边境争议区，企图以此"合法化"印度对边境争议区的占有。例如，达赖喇嘛2003年访问"藏南地区"时还曾声称"达旺过去由西藏管辖"，承认该地是西藏的一部分，但在2009年第六次访问达旺时，达赖却改口说，由于西藏曾与英印当局1914年签定了条约，该地属于印度。

冷战后，在"西藏问题"上，印度最为明显的立场变化体现在2003年6月23日中印两国总理共同签署的《中印关系原则和全面合作的宣言》中。该《宣言》中尤为引人瞩目的是印度政府在"西藏问题"上的明确表态，即"承认西藏自治区是中华人民共和国领土的一部分"，这也是印政府首次在政府间文件中申明此一立场。1959年西藏叛乱前，印政府曾公开承认过"西藏地区是中国的一部分"；但此后却一直反复宣称"西藏是中国的一个自治区"（这一表态也见于1988、1993年印拉·甘地总理和拉奥总理的访华成果中）。表态虽然前后只有几个字的差异，但却是一种质的飞跃。

2003年以来，在"西藏问题"上，印度政府基本上能顾及中印关系大局。其总体思路是，印度应避免在"西藏问题"上成为"前线国家"，努力防止印度成为流亡藏人从事激进政治活动的大舞台,避免印中关系陷入被动,更要避免直接与中国对抗。此外,印度也担心"西藏问题"暴恐化、搞"全民公决",以及达赖及其政治集团推行"民族自决"会对印克什米尔问题起到"垂范"作用。

(二)欧洲国家对达赖集团的支持

欧洲大陆与"西藏问题"有着相当密切的联系。可以说,欧洲殖民者是西方帝国主义侵略西藏的"开拓者",而英国曾是"西藏独立"的重要推手,英国早在1907年的"英俄协议"中就确立了其在中国西藏地区的势力范围。但在二战结束之后,随着欧洲殖民势力全面退出亚洲、印度继承英国在藏特权,英国在"西藏问题"上的作用开始减弱,而由美国填补了地区"权力真空"。20世纪70年代美国对达赖方面的支持减弱之后,欧洲成为印度之外达赖喇嘛最早窜访的地区。1973年,达赖喇嘛曾窜访了13个欧洲国家,但主要是宗教活动和文化交流。80年代末,在达赖四处活动和美国等西方国家的大力推动下,"西藏问题"在境内的斗争更加激烈,"国际化"程度也不断上升,达赖集团与欧洲国家的接触更加广泛,欧洲对"西藏问题"的介入也更加深入,具有宗教活动外交化、政治化的特点。如德、法、英等国政府对达赖访问大开绿灯;议会多次通过涉藏议案并向中国政府施压;许多国家的非政府组织等民间势力与达赖集团密切接触,在推动"西藏问题"国际化方面发挥了重要影响。

1. 英国是支持达赖集团的急先锋

二战之后,英国在西藏的利益虽然被印度继承,但仍不甘心退出昔日的势力范围,在达赖外逃后继续支持"藏独"势力。早在20世纪60至90年代,英国为给达赖培养人才,接受流亡藏族青年到英国进修,如1968年就接受3名流亡藏族青年到布里斯托尔大学进修,达赖的妹妹吉尊白玛也曾到英国留学。英国的政府官员公开支持"藏独"活动。1973年以来,允许达赖喇嘛先后十几次到英国活动。1981年英国政府允许达赖喇嘛在伦敦成立办事处,是最早允许达赖喇嘛设立办事处的西方国家之一。该办事处代理英国、爱尔兰、丹麦、挪威、瑞典、芬兰和冰岛的"西藏事务",负责安排达赖喇嘛对这些国家的访问活动,成为达赖在西欧的中心活动点之一。90年代之前,英国政府官员一般不会见达赖喇嘛,即使会见也是以"私人身份"。1990年7月,英国外交部官员听取达赖伪人代会会长桑东关于与中国政府接触情况的通报,被媒体评论为"英国政府正式承认西藏流亡政府官员"。从此,英国政府打破其首脑不与达赖"流亡政权"公开接触的惯例。1991年11月,英国首相梅杰会见达赖喇嘛。此后,英国政府官员会见达赖喇嘛成为经常性的事情,无论是工党政府还是保守党政府,都把会见达赖喇嘛作为制华的一个重要手段。但在20世纪90年代,欧洲国家领导人会见达赖注意保持低调与谨慎,以避免激怒中国。英国反华势力还让达赖集团的骨干分子参加英国的政党活动,如1998年桑东活佛就在访问英国期间,参加了英国工党的周年大会,就西藏局势发表演讲,成为在英国政党会议上宣传"西藏问题"的第一人。英国议会也进行了一系列支持达赖方面的活动,英国的一些议员和政府官员,还跑到尼泊尔和印度对达赖方面表示支持。1995年7月,英国政府代表比扎尔·赫根前往尼泊尔博克拉地区活动。1998年8月,英国议员参加欧洲议会的高级代表团访问达兰萨拉,会晤达赖喇嘛及其"流亡政府"官员。英国王室也参与了支持达赖喇嘛的活动,其成员多次会见达赖喇嘛及其流亡分子。英国还为藏人提供经费资助,1995~1996年,英国通过非政府组织为西藏、四川及印度的藏人提供了375万美元。在英国朝野人士的支持怂恿下,达赖方面在英国的骨干分子每年在敏感的日子,如"3·10""5·23""9·27"等,都在英国从事规模和影响较大的"藏独"活动,英国显然成为达赖方面在西方的一个主要活动基地。

进入新世纪以来,英国官方对达赖的支持主要表现为:(1)为达赖提供宣传"藏独"的平台。2004年1月,达赖喇嘛在伦敦英国议会厅举办"现代西藏历史图片展",2005年7月建立"西藏信息网",设在英国的"欧洲支持西藏组织""国际警戒""国际律师协会"等人权组织多次举办"西藏国际问题研讨会",藏独骨干分子在会议上发表演讲。(2)议会继续支持达赖的"藏独"活动。2002年11月,英国众议院议长会见达赖伪人代会会长桑东,并让他在皇家国际事务所发表演讲,出席英国"议会支持西藏小组"的会议。2003年10月,英国47名议员联名敦促英国政府向中国施压,撤销对丹增德勒的死刑。2004年1月,苏格兰议会成立了"议会声援西藏小组",包括6个政党的成员。2008年,英国议会议员、"议会支持西藏小组"副主席诺顿曼·巴克提出涉藏反华议案,称严重关切中国的人权和"西藏问题"。2008年5月,英国议会让达赖喇嘛在议会发表演讲,宣传其"中间道路"等。当年9月,英国议会代表团访问达兰萨拉,参加达赖方面的"藏独"活动。2010年6月,英国议会议员菲比恩·汉弥敦提出"达赖喇嘛诞辰日及未来西藏"的反华议案,要求举办各种活动为达赖庆生。2011年10月,英国议会再次组织7人代表团访问达兰萨拉,与达赖方面进行交流。(3)英国政要继续会见达赖喇嘛,并攻击中国政府的"人权问题",敦促与达赖喇嘛进行实质性和谈。英国王储查尔斯于2002年10月会见外逃藏人;2004年会见到访的达赖喇嘛。英国前首相撒切尔夫人在其2003年的新书《变化中的世界治国方略》中说,"中国对西藏拥有主权没有历史依据","1912~1951年间,西藏完全是作为一个独立国家在运行"。2004年英国外交大臣斯特劳、反对党领袖霍华德等均会见了到访的达赖喇嘛。(4)阻挠中国举办奥运会,攻击我平息"3·14"暴乱是"武装镇压"。2008年北京奥运会举办前夕,英国在西藏问题上表现激进。英国王储查尔斯1月宣布"为抗议中国镇压藏人不参加北京奥运会"。3月14日西藏发生暴力事件后,英国官方高度关注,支持"藏独"言行非常突出,要求中国停止"镇压抗暴藏人"、呼吁双方尽快对话,英国首相布朗表示将会见达赖喇嘛,其外交大臣米勒班表示,奥运圣火抵达伦敦时,将允许西藏抗议人士举行示威活动。3月25日,英国外交部发表年度人权报告,谴责中国"用武力处理西藏危机,侵犯藏人权利"。当年5月达赖喇嘛访英,受到英国首相布朗、保守党领袖卡梅伦、英国王储查尔斯等的会见，应邀出席英国议会下院外交委员会就"西藏问题"举行的听证会，并发表演讲。2009年5月，英国首相布朗在与中国副总理王岐山会见时，仍提及"西藏问题"，敦促中国恢复与达赖喇嘛的"接谈"，并展开实质性的和谈。2010年1月，英国政府对达赖喇嘛和中国政府重启对话表示欢迎，并希望双方在"西藏实现名副其实的自治"问题上有更大的突破和进展。3月17日，英国外交部公布"2009年世界人权报告"，提到中国西藏的人权问题。2011年6月，正值中国总理温家宝访英期间，英国首相卡梅伦公然攻击说："最近几个月，特别是在西藏，中国屡屡发生违反国际人权情况。"

目前在英国支持西藏的主要组织包括：自由西藏运动、西藏基金会、英国西藏协会、英国西藏援助基金会、英国藏人社区等。在英国官方、民间组织的支持下，有关组织经常组织"藏独"活动，包括邀请达赖喇嘛访问、为达赖庆生举办联欢活动、在我国领导人到访期间举行大规模示威游行等。

英国与中国在香港回归中国后，没有根本的利害冲突，双方的关系基本是好的。经过"3·14"事件后双方的政治斗争，英国认识到与中国在"西藏问题"对抗不符合自身利益。2008年10月29日，英国外交大臣米利班德发表声明说：近一个世纪以来，英国一直承认西藏是一个独立的实体，现在英国改变了主意，英国已决定承认西藏是中华人民共和国的一部分。他并为英国没有早日表明这样的立场表示歉意。但作为西方阵营的一员，正如在许多问题上一样，英国是跟随在美国后边的，对美国在联大人权会议上提出的有关"西藏问题"的议案，都表示支持，坚持在所谓的"西藏人权问题"上向我发难。今后，鉴于社会制度的差异，英国视中国为潜在对手，其"和平演变"的战略思想不会改变。加之英国政府长期奉行干涉我西藏事务的政策，其政府、议会、民间都形成了一股强大的支持达赖集团的势力，因此，今后在相当长的一段时间里，英国政府仍将奉行西藏是中国的一部分，同时又支持达赖集团的两面政策。

2. 欧洲议会是支持达赖分裂活动的生力军

欧洲议会及多数欧洲国家的议会在支持达赖的分裂活动方面也比较突出。欧洲议会下设"西藏问题协调小组",德国、法国、瑞士、意大利等国的议会都在积极与达赖方面交往,邀请达赖喇嘛访问,多次举办有关"西藏问题"的讨论,多次针对其提出相关议案,举行听证会,邀请达赖喇嘛演讲等,并批评中国的西藏政策,攻击我在西藏"压制人权"等。欧洲议会对西藏问题的表态越来越多,态度越来越强硬,形成一种道义上的支持态势。欧洲议会的这种政策立场与美国支持西藏的势力汇合,成为支持达赖"西藏事业"的国际道义力量,向我西藏政策施加压力。

进入新世纪以来,每年欧洲多个国家的议会都会通过有关"西藏问题"的决议。2000年1月,意大利议会通过决议,希望欧盟下次与本国进行世贸谈判时,要求中国同意就西藏地区的"真正自治"进行谈判。3月,德国议会和美国国会在布鲁塞尔开会,讨论在联合国人权会议上提出包括中国"西藏问题"在内的"中国人权议案"。9月,法国参议院"西藏问题小组"发表"2001年法国议员西藏问题宣言",呼吁中国与达赖喇嘛进行对话,"无条件尊重西藏的人权","保留西藏人民独特的文化和环境"。10月,爱尔兰议会通过一项有关"西藏问题"的决议,表示坚决支持达赖方面的"藏独"活动。2001年1月,欧洲议会和多个欧洲国家的议会代表,在瑞士召开会议,制定了促使第57届联合国人权会议通过"有关中国特别是西藏人权状况决议案"的"行动纲领"。4月,欧洲议会在斯特拉斯堡开会,通过一项关于"西藏人权"的决议,呼吁中国根据"五点和平建议"与达赖喇嘛进行对话。5月,西班牙国会讨论一项有关中国和"西藏人权问题"的议案。6月,波兰议会通过《波兰共和国议会司法与西藏民族团结的宣言》。7月,欧洲议会通过"关于中国西部扶贫项目和西藏未来的决议",呼吁欧洲理事会、委员会和各成员国尽一切努力,促使中国与达赖喇嘛就西藏的新地位问题进行谈判,并威胁要承认"西藏流亡政府"。欧洲议会还通过各种形式向中国施压,包括利用各种组织在国际上奔走游说,促使中国政府与达赖喇嘛对话,"劝说"中国政府承认西藏的"独立地位"。7月,欧洲议会还组织其议员代表团30多人访问达兰萨拉一周。2003年11月12日,"欧洲议会西藏论坛"开幕,旨在根据中国与达赖谈判的情况,制定欧洲议会下一步的行动步骤,以促使西藏问题尽快解决;介入"西藏问题"谈判;向中国政府施压。此外,欧洲各国的非政府组织等民间力量对达赖的支持,以及对我西藏政策造成的消极影响也不容忽视。

"西藏问题"在欧美社会日益"草根化""本地化"。20世纪90年代以来,随着大批流亡藏人涌入欧美社会,以流亡藏人新生代为主体的"藏独"组织"藏青会""藏妇会"以及达赖国际后援组织(如"国际西藏运动"、"自由西藏学生")等迅速在欧美广设机构,遍地开花,成为达赖推动"西藏问题"国际化的得力助手。西方民间"藏独"活动步入常态化轨道,并强迫西方政客、政要关怀"西藏问题"并在该问题上"发声"。近一两年来西方政要因考虑对华关系大局,虽减少了会见达赖喇嘛的次数,但这种政治会见仍不时发生,如德国总理默克尔、法国总统萨科奇、美国总统奥巴马等都曾先后甘冒对华关系倒退之风险而与达赖喇嘛见面。因此,西藏问题已经成为欧美社会与我政府极其难以调和的一个大问题。总之,"西藏问题"不但已经成为西方国家与中国之间的最大的"人权问题""宗教问题""民族问题",甚至是"发展保护问题",而且还成为影响欧美国家民选政治的一个敏感话题。

3. 近年欧洲府会在"西藏问题"上的特点

近年来,在金融风暴和"萨科奇会晤达赖"事件的催化下,主要欧洲国家开始下调"挺藏"力度。主动挑衅中国政府的政治意愿明显降低,"西藏问题"将主要被限定在欧中人权对话框架中。尽管如此,为推进"有意义的西藏自治"(英国外交大臣米利班德语),欧洲仍会在"西藏问题"上继续支持达赖喇嘛,并为其提供政治讲坛,欧洲议会、主要国家议会、地方府会及各类"援藏独"组织仍将是欧洲"挺藏"活动的中坚力量。

其一,欧洲主要国家高层将被迫降低"挺藏"调门。2009年2月中旬达赖喇嘛窜访意大利、德国期间未获任何高层接见，原计划接见达赖喇嘛的教皇也"在最后关头回绝了"，这种"高处不胜寒"的境况与近两年欧洲国家政要争相接见达赖喇嘛形成鲜明对比。

英国"挺藏"力度过去几个月内下调明显。外交部继2008年10月承认中国对藏完全主权后，2009年又第一次推出了《英国与中国：合作框架》战略文件，旨在稳定并提升对华关系。这个文件有意强调中国是"国际舞台上的中坚力量，英国应该努力从中国崛起中获益"。该文件共4000多字，仅有一句话涉藏，即"（希望）在中国宪法框架下有意义的西藏自治体系取得进展"。英国希望在所有问题上与中国建立积极互动机制，不让中国有"意外"之感。

法、德两国高度赞同"中英合作框架"的文件精神。"萨科奇事件"后的法国努力修复对华关系，巴黎在"西藏问题"上再度挑战中国政治意愿的可能性大大降低。法国执政党"人民运动联盟"副主席、巴黎市议员阿兰·德斯特姆2009年谴责市政府每年3月10日都悬挂"藏独"旗帜"雪山狮子旗"的做法，认为此举干涉了中国内政，伤害了中国人民的感情。德国政府努力防范"西藏问题"再度绑架中德关系。温家宝总理访问德国时，素有"达赖情结"和"反共心结"的总理默克尔也仅在总理府小范围、以"非公开交涉"的方式与温总理谈及"西藏问题"。

达赖在欧洲大搞宗教活动、宣传其"非暴力"思想、西藏"高度自治"理念，获得许多国家民众的同情和支持，产生了较大的影响。欧洲国家政府和议会对西藏问题的关注和插手，主要是为缓解国内民众同情达赖喇嘛的压力、树立本国维护人权等形象，并将西藏问题作为对华贸易的筹码。但也应注意到，欧洲国家政府对达赖的态度也时常左右摇摆，使他受冷落，吃闭门羹。近年随着中国综合国力增强和在国际上地位的提高，欧洲国家逐渐认识到与中国友好合作更加符合自身的政治经济利益，因此对藏独势力的支持力度有所下降。

其二，欧洲各国地方政府走向前台，大力"挺藏"。欧洲地方政府大都自立于中央或联邦政府,能在高层转为低调时"迎风而上",占据援藏"前沿阵地",其顽固和大胆令人瞩目。他们的举措一是通过授予各种名誉称号,抬高达赖喇嘛。这种方式经济实惠,且政治风险低。在达赖喇嘛2009年2月的欧洲旅行期间,意大利罗马和威尼斯两市向达赖颁发"荣誉市民"称号,称赞其为"拒绝非正义、暴力和压迫的道德化身"。意大利目前至少有8座城市已经授予达赖喇嘛"荣誉市民"。2008年巴黎也授予达赖喇嘛"荣誉市民"称号。此外,1979年以来,欧洲大学竞相授予达赖喇嘛荣誉(博士)学位13个,包括"人权奖"在内的其他奖项也有十数个之多。二是向达赖喇嘛提供各种讲坛,助其宣扬"西藏问题"。鉴于过去的经验,欧洲地方政府不遗余力地为达赖喇嘛"造势",不仅为其安排小型会晤、私下密谈,更会安排他发表公开演讲,且对此进行全程直播。三是地方政府显贵或竞相会晤达赖喇嘛,或积极参与当地"挺藏"活动。欧洲地方政要的"挺藏"热情从达赖喇嘛近年来历次欧洲之行可见一斑。最为典型的就是德国。2008年,德国有922个城市和县镇参与了"挂旗"活动,数量之多创历史纪录。当年,数百名地方政要参加了"3·10"纪念活动。另外,巴黎市政府每年3月10日门前都要挂"雪山狮子旗",但2009年挂的"藏旗"被华人扯了下来,这在过去是难以想象的。

其三,欧洲各级议会"幕后推手"作用更加凸显。欧洲议会及欧洲各国议会向来是反华大本营。一方面,欧洲议会是"挺藏"的"领头羊",2000年它曾出台对华施压的"限三年解决西藏问题"的决议案;曾两度邀请达赖赴议会发表演讲;2008年底部分欧洲议会议员曾以"绝食闹剧"声援达赖喇嘛。可以想见,欧洲议会以后还会推出涉藏决议案。2009年,就在美国众议院3月11日出台一个涉藏决议后的第二天,欧洲议会在法国斯特拉斯堡通过一项涉藏问题决议。这项决议系欧洲议会自由和民主联盟党团和绿党党团少数议员提出。决议罔顾事实,要求中国政府与达赖喇嘛"展开政治对话,以求全面政治解决方案",并在对话中考虑所谓的《为全体藏人获得真正的自治的备忘录》。决议还企图使涉藏问题国际化。另一方面,欧洲各国议会,尤其是地方议会在推动政府"挺藏"方面会更加不遗余力。威尼斯副市长称,正是由于该市议会的涉藏决议,才使市政府2009年2月授予达赖喇嘛"荣誉市民"称号。其中,那些前苏联阵营的东欧小国议会在"西藏问题"上最为激进。

其四,欧洲"藏独"和援藏组织继续大掀风浪。在这方面,欧美"挺藏"组织势必会遥相呼应,并与达赖集团"藏独"组织密切协调。约50个欧洲"援藏独"组织2009年2月上旬联合呼吁欧洲议会,希望其执行2000年7月6日通过的"限时决议案",即承认"西藏流亡政府"。"法国西藏社区及其朋友"呼吁"3·10"期间在法国举行大型示威活动,并引领全欧洲开展大面积"挺藏"活动。德国"为了西藏提案"(TID)正在网上酝酿发起第14次"3·10"挂"藏旗"活动,呼吁全德境内城市、县乡镇积极参与,实现参与城市数量再创历史新高。设在伦敦的"国际支持西藏网络"(ITSN)称将通过其在全球的169个分会,分别向出席英国20国集团峰会的各国代表等递交请愿信,呼吁他们共同敦促中国政府与达赖喇嘛展开实质对话,并解决"西藏问题"。该组织还呼吁出席20国集团峰会的各国政府领袖,在各国驻京使馆中设立"西藏问题特别事务处",关注和监督西藏各地的现状。2009年2月14~15日,在"西班牙西藏协会"的主办下,第三届"欧洲西藏协会会长级大会"在西班牙召开,来自比利时、法国、瑞士、意大利、荷兰、瑞典、挪威、波兰和匈牙利等10个欧洲国家的西藏协会会长,以及当地的流亡藏人等共计110多人参加了这次为期两天的大会。大会制定多项决议案,要求欧洲藏人将联合展开规模庞大的"挺藏"活动,"抗议中共高压统治西藏",呼吁各援藏组织3月10日就近在中国使领馆门前开展抗议示威活动。2009年8月8日在国际奥委会总部所在地瑞士洛桑到比利时之间开展自行车周游活动,以"哀悼和纪念2008年3月被中共杀害的藏族同胞",呼吁流亡欧洲的藏族人不庆祝藏历新年等。

4. 欧美社会"香格里拉情结"与"西藏问题"

欧美人对"西藏问题"的关切还有一个重要来源,即源自其对西藏的

"香格里拉情结"。欧美人对"香格里拉的神化"最早出现在詹姆斯·希尔顿1933年写的小说《消失的地平线》。其中,作家第一次称一个隐藏的不为人知的喜马拉雅山谷为"香格里拉"。但正式将这一名称确立为西藏研究中的一个概念的始作俑者则是澳大利亚研究者彼得·毕肖普,他在《香格里拉神话》中,运用原型心理学、人文地理学及法国解构主义理论,向西方社会展现出西藏的"内涵",并将西藏由一个地理意义上的具体地域绘制成一个没有固定地域的乌托邦,一个可以用来替代现代社会的人间乐土。他的笔端充满了对现代社会的批判。

随着欧美社会的高度现代化,人们开始留恋那些失落的过去,如弱小民族的消亡、传统文化的失落、自然环境的破坏等。由于地理位置的独特,西藏基本游离于现代化大潮之外,加之藏民族神秘莫测的宗教文化与传统习俗的催化,欧洲人视西藏为"世外精神家园"、"最后的人间净土"、尚存"某种上古知识之光的最后闪烁"。[1]

如今,在西方的大多数西藏文化中心里所展示的藏文化基本是被欧美理想化了的、均匀调和了的、净化了的藏文化。久而久之,这种神化与香格里拉化逐渐固定化,受此影响的人们纷纷认定,1959年前的西藏"完全是一个精神的王国,没有恣意妄为的生活方式(浪荡形骸),没有物欲主义,没有毫无目的的追求,没有一切恶习,这些都是困扰工业社会的现代病"。西方新闻媒体以及一些旅游书籍、小说、好莱坞大片更是将西藏政教合一的制度描绘成一种真正的香格里拉,将达赖喇嘛描绘成一位圣人贤哲。最后,就连流亡藏人自己也对此深信不疑。达赖喇嘛自己就曾这样公开说过:"西藏文明拥有悠久丰富的历史。佛教影响无处不在,辽阔纯净的大地上人们的生活充满了活力。这使得藏人社会致力于和平与和谐。我们享受着自由和自足。"[2]

---

[1] P. Christiaan Klieger, "Shangri-La and Hyperreality: A Collision in Tibetan Refugee Expression", Tibetan Culture in the Diaspora, Papers Presented at a Panel of the 7th Seminar of the International Association for Tibetan Studies, Graz 1995. Edited by Frank J. Korom. Vienna: Verlag der Österreichischen Akademie der Wissenschaften, 1997, p.60.
[2] Donald S. Lopez, Jr, 1998, p.205.

在西藏香格里拉神话光环的诱压下，许多关注投向了那些被认为可能不挽救就会彻底灭绝的所谓的"最后的"传统文化特色，诸如"藏传佛教濒于毁灭""藏民族日益边缘化""民族特性消失殆尽"之类的危言耸听充斥着欧美各大新闻媒介，甚至各类娱乐媒介中，不管这种"最后"的定性是流亡藏人自我压迫式感知的结果，还是西方浪漫主义者杞人忧天的结果。这一点人们从众多的关于达赖的传记中可知一斑。这些传记都将他描述为"最后的达赖喇嘛"，以引起某种轰动。但这样的描述连达赖本人也不止一次公开声明：这不一定是他的本意。实际上，西藏的香格里拉模式是西方社会一个最为持久的地缘政治文化神话。[1]

结果，在欧美人眼中，西藏已变成人类社会共有的东西，尤其应是欧美社会共有的东西；藏文化已不再只属于流亡藏人甚至全体藏人，而应属于国际社会中那些拥有资源和专长并能完美"保护"它的人，即欧美人。一旦形成了这样的思想观念，西藏就"神圣不可侵犯"，尤其是容不得与西方意识形态格格不入的共产主义中国来"侵犯"，哪怕是出于改善藏区物质基础而推出的发展规划也令欧美人无法忍受。达赖喇嘛及其支持者正是利用了欧美民众这一心态，不断向欧美媒体、议会听证会等提供不实之辞，诬蔑中国政府的在藏政策。达赖喇嘛及西方媒体的不实报道进一步激发了欧美社会的"护藏"热情，继而加深了对中国的偏见、反感甚至敌视，培育了欧美民众对达赖方面近乎一边倒的同情与支持。在这种情势之下，欧美社会总以固有的"傲慢与偏见"审视西藏问题。在很多西方人看来，凡是与西藏有关的问题已经没有是非可言。对西藏发生的任何事情，唯一的评判标准就是自以为是的"政治正确"。以2008年拉萨"3·14"事件为例，无论此次事件的真相如何，无论闹事的暴徒是否杀害无辜市民，全部责任都要归咎于中共政权，归咎于中国"非法占领""侵犯人权""压制宗教自由""毁灭西藏文化"。

[1] Jan Magnusson（Lund University），"A Myth of Tibet:Reverse Orientalism and Soft Power"，Chapter Eight of Amdo Tibetans in Transition:Society and Culture in the Post-Mao Era, edited by Tony Huber, Brill's Tibetan Studies Library, printed in Netherlands, 2002, p.203.

目前,欧美社会已在"西藏问题"上形成了思维定式,即认定西藏就是"中国殖民地","西藏问题"就是"民族自决问题",就是"人权问题"。欧美社会在"西藏问题"上此种价值取向逐渐成为欧美议会及国别议会出台反华决议的强大民意基础。这在客观上不断推动着"西藏问题"的国际化进程。

5. 欧美遏华势力与"西藏问题"

利用"西藏问题"说事是欧美社会忧虑中国崛起的"自然反射",更是地缘政治学意义上的中国和全球资本主义体系代言国家(美欧)间战略利益冲突的必然结果,并将伴随中国的崛起进程而长期存在。

第一,这是大国政治博弈的必然产物。近年来,尤其是金融危机以来,中国快速崛起,世界力量分布正向亚洲倾斜,亚太战略格局乃至国际战略形势变动尤为剧烈。国际新秩序、新体制、新格局正在酝酿生成。以中国为首的新兴大国与以美欧为首的体系主导大国围绕争夺战略制高点的政治博弈日趋激烈。

但由于欧美与中国经济相互依存的日益深化,上述政治博弈更多地是以"软化和弹性化"为表现形式。美欧频频利用环境、产品质量、人权、民族宗教、劳工标准、国际责任与道义等问题来约束中国的崛起速度,最大限度地维护美欧在未来国际格局中的主导地位与既得利益。这种来自美欧的"软制约"是中国在崛起过程中难以避让的历练。其中,"西藏问题"是欧美对华最为便利的"软制约"利器。

第二,这是发展模式之争的重要体现。近年来,随着中国综合国力的快速提升,美日欧担心,代表着"非民主的第二世界"的中国发展模式会成为广大发展中国家的未来首选,并最终危及它们所代表的"自由资本主义"的主导地位。美国尤其担心,中国模式感召力的增强将对美国霸权构成致命冲击。

此外,中西发展模式之争还是政治歧视的自然反映。作为崛起的社会主义大国,中国在政治上都被西方视为"非民主国家"甚至"非我族类""异类",因而备受西方"主流"价值观、意识形态、"政治标准"、"普世价值"的歧视与排挤。不管中国做得多么好，这种政治歧视与排斥都或多或少存在。

于是，"丑化""贬低"中国发展模式成为美欧维持其价值观体系、表达这种政治歧视的最便利选择。尤其是在"西藏问题"上，通过大量歪曲报道，美欧社会有意把中国发展模式丑化为"对传统文化、少数民族、宗教信仰甚至人类安全"的威胁模式，以在国际社会化解中国发展模式对西方发展模式的冲击，削弱甚至消除中国发展模式对世界的感召力。

第三，这是反全球化运动的显著表象。中国等新兴国家借全球化而迅速崛起，与此同时，作为全球化发起者的西方在技术和资本方面的比较优势持续减弱，它们在国际分工中面临的来自发展中国家的挑战日益增多，它们从自由贸易中获取的垄断利益也逐渐减小，西方引导的全球化正遭遇"中心塌陷"的尴尬局面。越来越多的西方人感到他们成了全球化的"受害者"，并对全球化渐生怨气。在西方，一些社会阶层"反全球化"情绪相当激烈。尤其是近年来，随着全球产业不断向中国转移以及"中国制造"不断在世界范围内蔓延，美欧社会的反全球化运动逐渐将中国作为其最主要打击目标。美欧社会不断将其对全球化的不满甚至恐惧转化为对中国的不满甚至恐惧。这种情绪极易被各种反华势力大加利用。这正好说明了，美欧社会近年来为何频繁出现"排华""反华"的浪潮。中国崛起势头越猛，他们反华、遏华也就越凶。此时，达赖喇嘛在国际社会一再宣扬的"反现代化、反市场、反商业、反技术、反物质化"恰恰可以成为西方反全球化势力借以反华的有力借口。

第四，这是西方"集体失落感"的自然反映。中国的崛起冲破了东方从属于西方的神话，对主导世界200多年的西方体系的冲击既是生理上的，也是心理上的。故欧美社会——尤其是精英阶层——对此感受最深，对中国这个东方大国的崛起极其敏感，他们有着优越感正在迅速丧失的强烈沮丧。在这种心情的支配下，他们对中国充满敌视，不愿接受中国崛起这一事实，千方百计为中国发展制造麻烦。

第七节 结语

"西藏问题"自产生之时起就一直是内外因相互催化、彼此激荡的结果。在积贫积弱、自顾不暇的晚清时期,原本经年积累下来的中央王朝与藏地方政权间的矛盾为殖民主义的利益扩张提供了可乘之机,更何况自19世纪70年代始,晚清的中国出现全面性发展危机,并伴随着全面性的边疆危机,"皮之不存,毛将焉附"。先是东边的琉球、台湾、朝鲜被日本吞并,接着南方的越南变成法国殖民地,然后就是西北、西南变成英国与沙俄明争暗斗的战场。因此,本质上是"裂土而治"的"西藏问题"此时产生并不断演化并非毫无历史逻辑可言。尽管如此,清廷末年仍未放弃甚至进而加强对西藏等属藩的政治拉拢乃至军事压服的努力。

自辛亥革命推翻清廷至新中国的成立,中国先辈们在发展道路上的各种艰辛的选择与惨烈的尝试伴随着军阀混战、政局动荡、经济崩溃、外敌欺侮,中华大地继续延续着自晚清以来即已成为中国之常态的内忧外患相互叠加的境地。仅政治上就极为动荡,例如,据统计,袁世凯死后的12年间,中央政府层面是9易政府、24次内阁改组,换了26届总理。这种政治乱象自然只会使得中央政府难以有效施策,控制西藏上层日益扩大的分裂主义势力及其分裂闹剧的不断上演,以及难以有效应对外来帝国殖民势力对中国在藏主权的不断侵蚀。然而,即便如此,内外相互勾连的"藏独"闹剧并没能在广大藏区成势,更没能在国际社会成势。达赖方面反复在国际社会宣称的"西藏事实独立地位"并没被任何一个国家所承认。

新中国成立后,基于自晚清以来的历史发展现实,中央政府本着政治宽容的治藏政策来强化对藏的主权控制。尽管急于进行社会主义改造的中央及地方政府在具体施策的过程中忽视了几大藏区之间的政治联动性并导致了康区反叛,但这种周边藏区的政治反叛之所以能蔓延至拉萨,并最终在拉萨引爆全面叛乱,根源在于西藏统治上层的分裂情结与活动的历史发展惯性。由于在宗教与经济上对统治权贵的人身依附关系,普通藏民也被裹挟其中而没有多少选择的自由。一旦中央政府在平叛后将藏族劳苦大众作为解放对象，整个藏区也因此发生了翻天覆地的变化，广大被解放了的藏民族一下子焕发出对新政权的无比拥护之情以及对投身社会主义建设的巨大热情。有史以来，广大藏民众第一次以主人翁的地位参与到国家的政治建设以及家园建设之中；有史以来，中央政府第一次在西藏拥有了强大的执政根基。确实，达赖喇嘛亲友团在"考察"藏区期间受到了广大藏人的夹道欢迎，甚至热泪相拥，但不能将此等同于民心的背离，虽然这其中难免夹杂着民众对中央及地方政府"文革"极左路线的不满情绪，但在很大程度上是对出离亲人回归家乡的一种友好表示，是对中央开放政策的一种热情拥护。不可否认，被"考察团"轻易撩拨起久蛰的"藏独"神经的仍是那些在传统藏人社会处于特权地位的权贵阶层，尤其是曾在社会改革过程中被专政、被压制的那部分人群。这从20世纪80年代中期至90年代中期西藏百余起大大小小的骚乱基本由企图恢复宗教特权地位的少数僧侣所策动可见一斑。当然，境内寺庙及僧侣阶层的政治骚动为境外达赖喇嘛及其集团、国际社会反华反共势力再次提供了不断制造"西藏独立闹剧"的大好契机。内外因的相互激荡使得沉寂了近30年的"西藏问题"再次在冷战之后重新活跃起来。

　　但治藏的根本仍在于发展，仍在于尽可能地让最广大的藏族民众享受社会主义建设的巨大益处，这也是为什么中央政府自1984年第二次西藏工作座谈会以来即不断推进、不断强化"以经济建设为中心，以发展促稳定"的治藏政策的重要原因。自那时至今，广大藏区实现了历史性的跨越式发展。但由于这种大发展并没有解决历史上阶层的诉求，甚至对他们的现存权益采取新的压制措施，因此，他们企图复辟的特权思想在境外各种"藏独"及"援藏独"势力的催化下就会不断地滋生出制造动乱的政治冲动与行动。藏区越发展，这些企图恢复特权地位的境内外势力也就越焦虑，利用一切发展问题以及因发展失当所催生的新的社会问题来制造内乱就成为他们的一种常态化努力。

中国社会主义事业的发展是一个需要几代人努力的进程，西藏的社会主义事业的发展更是一个需要几代人努力的进程。在这个过程中，只要境内外企图恢复特权阶层利益的势力继续存在，只要国际社会牵制中国崛起的势力继续存在，借由"西藏问题"搞乱藏区、搞乱中国的各种阴谋与阳谋就不会停止。但只要中央及各级政府继续行进在为最广大藏民族、最广大人民谋福祉的正确道路上，不断完善对经济发展、社会进步、文化建设的科学认识，境内外的"藏独"势力以及"援藏独"势力绝无可能翻天。西藏游离于中央政权的那段历史已经一去不复返了。

主要参考文献

[1] 新疆自治区统计局.新疆统计年鉴.北京：中国统计出版社，2003.

[2] 新疆自治区统计局.新疆统计年鉴.北京：中国统计出版社，2011.

[3] 新疆自治区统计局.新疆维吾尔自治区社会主义建设光辉成就（1949—1984）.乌鲁木齐：新疆人民出版社，1985.

[4] 新疆维吾尔自治区党委宣传部.魏晋南北朝时期新疆的古代民族.乌鲁木齐：新疆青少年出版社，2010.

[5] 陈超.新疆的分裂与反分裂斗争.北京：民族出版社，2009.

[6] 新疆维吾尔自治区党委宣传部.新疆"三史"教育简明读本.乌鲁木齐：新疆青少年出版社，2010.

[7] 马品彦.简明新疆宗教史.乌鲁木齐：新疆人民出版社，2009.

[8] 陈超.新疆的分裂与反分裂斗争.北京：民族出版社，2009.

[9] 马大正.新疆史鉴.乌鲁木齐：新疆人民出版社，2006.

[10] 张伟国编.达赖喇嘛与汉人对话.美国布鲁克林：21世纪中国基金会，1999.

[11] 张植荣.国际关系与西藏问题.北京：旅游教育出版社，1994.

[12] 直云边吉.达赖喇嘛——分裂者的流亡生涯.海口：海南出版社，1997.

[13] 余建华.民族主义——历史遗产与时代风云的交汇.上海：学林出版社，1999.

[14] 关于西藏的问题.北京：人民出版社，1959.

[15] 喇嘛教的反动面目.西宁：青海人民出版社，1959.

[16] 西藏的民主改革.拉萨：西藏人民出版社，1995.

[17] 藏族简史.拉萨：西藏人民出版社，1992.

[18] [美]约翰·F.艾夫唐著，尹建新译.雪域境外流亡记.台北：慧炬出版社，1991.

[19] [意]毕达克著，沈卫荣、宋黎明译.西藏的贵族和政府（1728—1959）.北京：中国藏学出版社，1990.

[20] 陈奎元.西藏的脚步.北京：中共中央党校出版社，1999.

[21] 达赖喇嘛著，康鼎译.达赖喇嘛自传——流亡中的自在.台北：联经出版事业公司，1993.

[22] [法]Pierre Antoine Donnet 著，苏瑛宪译.西藏生与死：雪域的民族主义.台北：时报文化公司，1994.

[23] [加拿大]谭·戈伦夫著，伍昆明、王宝玉译.现代西藏的诞生.北京：中国藏学出版社，1990.

[24] [美]梅·戈尔斯坦著，杜永彬译.喇嘛王国的覆灭.北京：时事出版社，1994.

[25] 黄维忠.佛光西渐：藏传佛教大趋势.西宁：青海人民出版社，1997.

[26] 何希泉主编.周边地区民族宗教问题透视.北京：时事出版社，2002.

[27] 林照真.最后的达赖喇嘛.台北：时报文化公司，2000.

[28] 林照真.喇嘛杀人（西藏抗暴四十年）.台北：联合文学出版社有限公司，1999.

[29] 彭英金主编.西藏宗教概说.拉萨：西藏人民出版社，1999.

[30] 乔根锁.西藏的文化与宗教哲学.北京：高等教育出版社，2004.

[31] 任乃强.羌族源流探索.重庆：重庆出版社，1984.

[32] 沈开运、达玛等.透视达赖——西藏社会进步与分裂集团的没落.拉萨：西藏人民出版社，1997.

[33] [法]石泰安著，耿昇译.西藏的文明.北京：中国藏学出版社，

1999.

[34] 图齐等.西藏和蒙古的宗教.天津：天津古籍出版社，1989.

[35] 王力雄.与达赖喇嘛对话.美国伊利诺伊州斯科基：人间出版社，2002.

[36] 王力雄.天葬：西藏的命运.加拿大渥太华：明镜出版社，1998.

[37] 王章陵.西藏的巨变——从一九四九年到一九九五年.台北：蒙藏委员会，1996.

[38] 王森.西藏佛教发展史略.北京：中国社会科学出版社，1997.

[39] 王贵、喜饶尼玛、唐家卫.西藏历史地位辨.北京：民族出版社，1995.

[40] 王辅仁、索文清编著.藏族史要.成都：四川民族出版社，1981.

[41] 牙含章编著.达赖喇嘛传.北京：人民出版社，1984.

[42] 俞虹.党的民族区域自治政策在新疆的实施.新疆日报，2011-06-25.

[43] 罗捷.论泛伊斯兰主义在中亚的发展.云南行政学院学报，2002，（1）.

[44] 张建军、姜勇.泛突厥主义与突厥主义比较.昌吉：昌吉学院学报，2004，（2）.

[45] 陈国裕.党的民族区域自治政策永放光芒——新中国成立初期新疆推行民族区域自治的实践与启示.新疆社科论坛，2011，（2）.